Karl Hirschbold · Grammatik in Bildern

Karl Hirschbold

GRAMMATIK IN BILDERN

Zeichnungen: Emanuela Delignon

ÖBV

Österreichischer Bundesverlag

2. Auflage, Wien 1988

Druck: Vorwärts AG, 1030 Wien, Viehmarktgasse 4
ISBN 3-215-**04825**-6 (Cell. Pappband)

GRAMMATIK IN BILDERN – WOZU?

Das vorliegende Werk will versuchen, in nicht alltäglicher, aber sinnfälliger Art das Sprachgefühl seiner Benützer zu schärfen und Hand in Hand damit ihr Sprachgewissen aufzurütteln. Es kann verständlicherweise zwar nicht den gesamten, weiten Bereich unserer Grammatik umfassen, läßt aber in ausgewählten Kapiteln, deren Inhalt sich zu zeichnerischer Darstellung eignet, dem Sprachfreund die Sprache in einem neuen, lockenden Licht erscheinen. Es will Aufgeschlossenheit für unser wichtigstes, aber leider oft recht stiefmütterlich behandeltes Verständigungsmittel auch in anderen Menschen wecken: in solchen, die sich von Büchern, die der Sprachpflege in herkömmlicher Weise dienen, zuwenig angezogen fühlen.

Freude an der Beschäftigung mit unserer Muttersprache soll überdies möglichst vielen Schülern, die bereits gewisse Grundkenntnisse der Grammatik erworben haben, vermittelt werden. Anschauliche Darstellungen des „Lebens und Webens" unserer Sprache können ja, wie bereits das „Sprach- und Lach-Bilderbuch" – allerdings in etwas anderer Form – bewiesen hat, bedeutend nachhaltiger wirken als Erklärungen allein in Worten.

Es ist darum selbstverständlich, daß in dem vorliegenden Buch auch die Lehrer an Volks-, Haupt- und höheren Schulen wertvolle Anregungen für die Gestaltung des Deutschunterrichts finden können.

Eltern, die auf form- und sinnrichtigen, gepflegten Sprachausdruck Wert legen und dazu auch ihre Kinder anleiten wollen, finden in der GRAMMATIK IN BILDERN einen helfenden Begleiter auf dem Weg zu ihrem dankens- und erstrebenswerten Ziel.

Allen, die dieses Buch nicht nur zum Vergnügen lesen, sondern daraus bleibende Anregungen zur Verbesserung ihres eigenen Sprachausdruckes gewinnen wollen, werden die im Anhang zusammengestellten Aufgaben und Übungen willkommen sein, weil sie ihnen Gelegenheit bieten, sich von dem mit Hilfe dieses Werkes erzielten Erfolg zu überzeugen.

Inhalt

Der zeichnerischen Darstellung grammatischer Begriffe dienen folgende Symbole:

1. Fall (Nominativ)
Seite 20

2. Fall (Genitiv)
Seite 20

3. Fall (Dativ)
Seite 22

4. Fall (Akkusativ)
Seite 24

Hauptwort mit
Beifügung Seite 103

Vorwort (Verhältniswort,
Präposition) für
zwei Fälle Seite 26

Persönliches Fürwort
(Personalpronomen)
Seite 30

Hinweisendes Fürwort
(Demonstrativpronomen):
DIESER, JENER
Seite 31

Bezügliches Fürwort
(Relativpronomen):
DER, DIE, DAS
Seite 32

Hauptzeitwort
(Vollverb)
Seite 38

Hilfszeitwort
(Hilfsverb),
Tatform (Aktiv)
Seite 39

Hilfszeitwort
(Hilfsverb),
Leideform (Passiv)
Seite 40

Hilfszeitwort als
Hauptzeitwort
Seite 41

Gegenwart (Präsens)
Seite 50

Zukunft (Futur I)
Seite 50

Vorzukunft (Futur II)
Seite 50

Mitvergangenheit
(1. Vergangenheit,
Präteritum, Imperfekt)
Seite 51

Vergangenheit
(2. Vergangenheit,
Perfekt) Seite 51

Vorvergangenheit
(3. Vergangenheit,
Plusquamperfekt)
Seite 51

Grammatischer Zwitter
Seite 84

Modalverb (Hilfszeitwort
der Aussage) Seite 119

Umstand des Ortes
Seite 107

Umstand der Zeit
Seite 107

Umstand der Art und Weise
Seite 107

Umstand des Grundes
Seite 107

A. Zur Wortlehre

I. Merkwürdiges über Hauptwörter

1. Gleichlautende Hauptwörter ungleicher Mehrzahlformen und verschiedenen oder gleichen Geschlechts

1 + 1 = ?

Nicht so leicht wie in der Mathematik ist diese Frage in der Grammatik zu beantworten. Zum Beweis dafür einige Beispiele:

Strauß

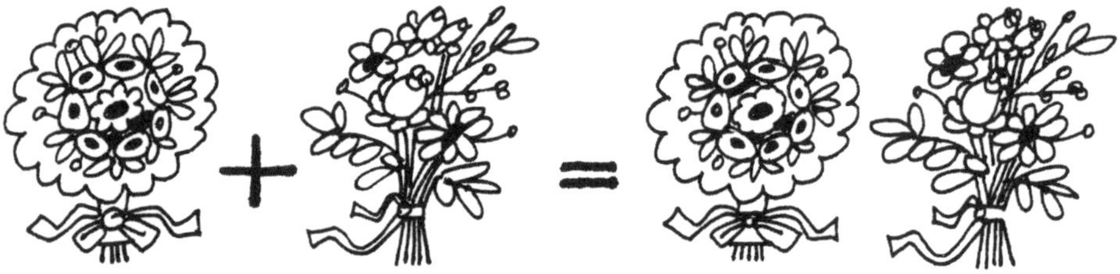

1 Strauß + 1 Strauß = 2 Str**äu**ße,

aber

1 Strauß + 1 Strauß = 2 Str**au**ße.

Noch schwieriger wird die Rechnung jetzt:

Die Antwort kann in diesem Fall nur so lauten:
1 Strauß und 1 Strauß = 1 Blumenstrauß und 1 Vogel Strauß.

Ähnliche Beispiele:

Bank

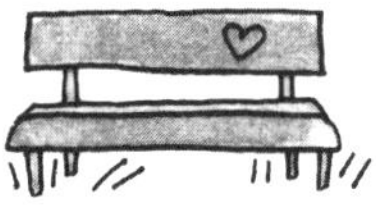

eine Bank

zwei **Bänke**

eine Bank

zwei Bank**en**

Kiefer

der Oberkiefer
der Unterkiefer

die (zwei) Kiefe**r**

(in Österreich auch: **das** Ober- und **das** Unterkiefer)

eine Kiefer

zwei Kiefer**n**

Leiter

die Leiter
eine Leiter

zwei Leiter**n**

der Leiter
(der Chorleiter)

zwei Leite**r**
(die Chorleite**r**)

Mutter

eine Mutter
(mit ihren Kindern)

zwei M**ü**tter
(mit ihren Kindern)

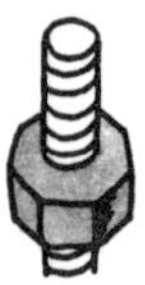

eine Mutter
(Schraubenmutter)

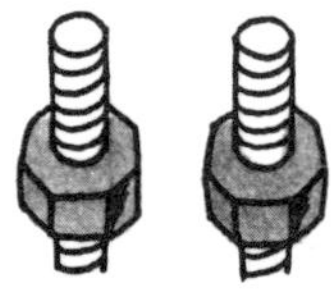

zwei Mutter**n**
(Schraubenmuttern)

Schild

das Schild
(ein Mützenschild)

die Schild**er**
(zwei Mützenschild**er**)

das Schild
(Türschild, Namensschild)

zwei Schild**er**
(Türschild**er**, Namensschild**er**)

das Schild (Geschäftsschild)

zwei Schild**er** (Geschäftsschild**er**)

der Schild
(Schutzschild eines Ritters)

zwei Schild**e** (Schutzschild**e**)

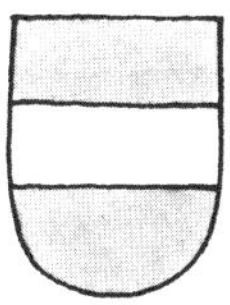

ein Wappenschild
(**der** österreichische Wappenschild)

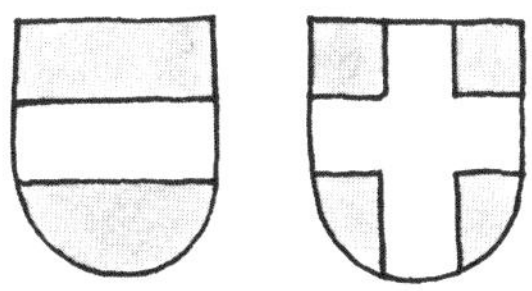

zwei Wappenschild**e**
(**der** österreichische und **der** Wiener Wappenschild)

(in Deutschland auch: **das** Wappenschild – die Wappenschild**er**)

2. Das Geschlecht zusammengesetzter Hauptwörter

Wenn zwei Hauptwörter ungleichen Geschlechts zu einem Wort vereinigt werden, richtet sich das Geschlecht des neuen Wortes immer nach dem **zweiten** Teil der Zusammensetzung, also nach dem **Grund**wort. Hier einige Beispiele:

DER Schlüssel **DIE** Blume

DIE Schlüsselblume

DIE Schraube **DER** Schlüssel

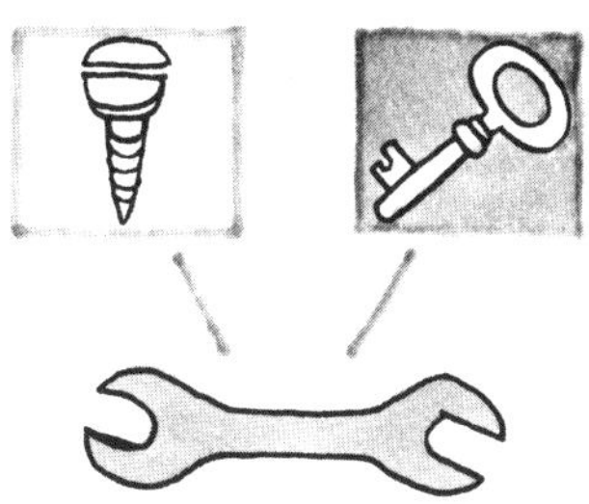

DER Schraubenschlüssel

DER Esel **DAS** Ohr

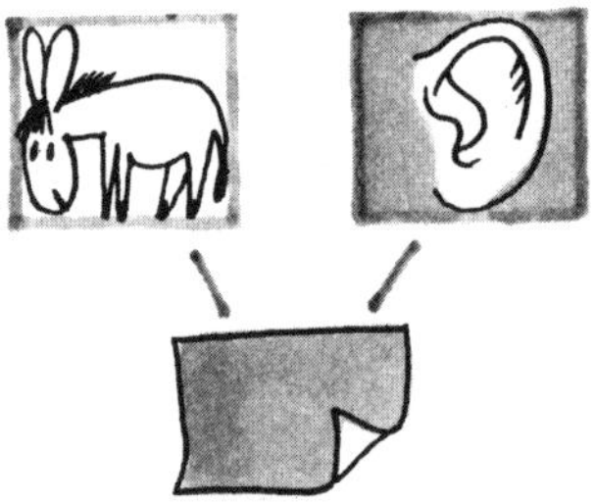

DAS Eselsohr

DAS Holz **DER** Hammer

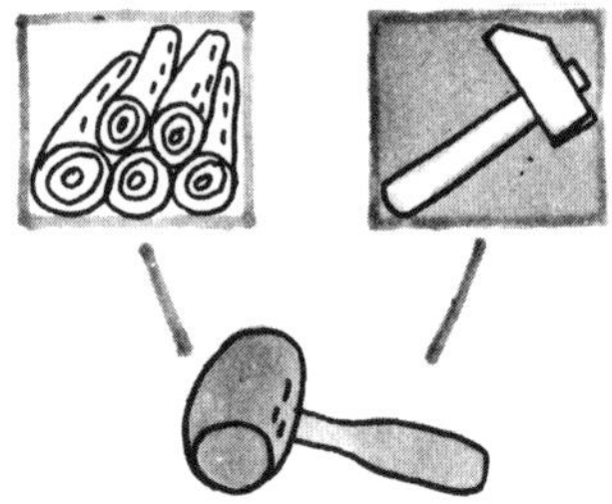

DER Holzhammer

DIE Schule **DAS** Kind

DAS Schulkind

DAS Heu **DIE** Gabel

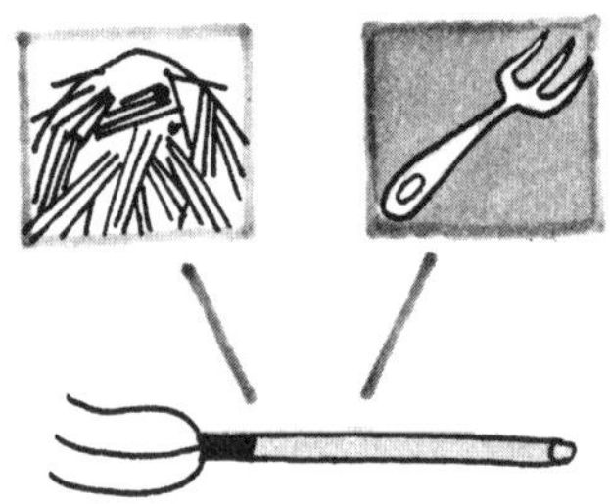

DIE Heugabel

3. Beugung (Deklination) des Hauptwortes

Schwach, stark, gemischt

„Schwach" sind zum Beispiel:

„Starke“ sehen wir hier:

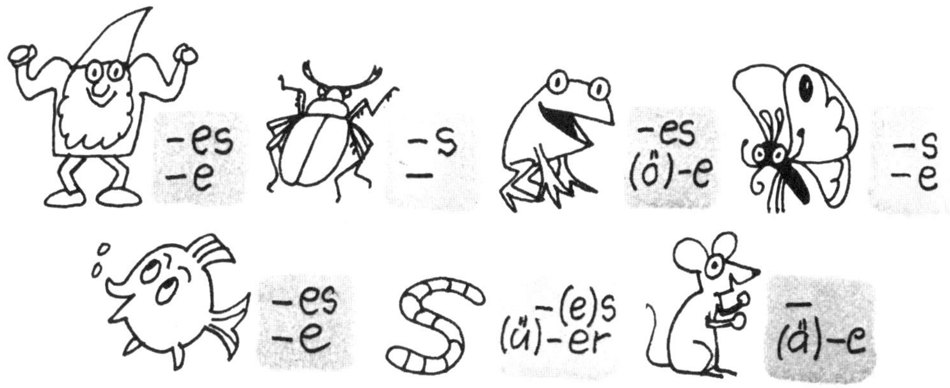

Ja, im Lichte der Grammatik erweist sich so mancher Starke als schwach (Beispiel: der RIESE) und so mancher Schwache als stark (Beispiel: der ZWERG). Um die einen von den anderen unterscheiden zu können, muß man sie von hinten betrachten. Entscheidend sind dabei der zweite Fall (Genitiv) der Einzahl und der erste (Nominativ) der Mehrzahl. Da zeigt sich nämlich

bei den „starken“ Hauptwörtern:

im 2. Fall Ez.: -s, -es oder keine Endung;

im 1. Fall Mz.: -e, -er oder keine Endung, manchmal Umlaut (Äste, Würmer).

bei den „schwachen“ Hauptwörtern:

im 2. Fall Ez.: -n, -en oder keine Endung;

im 1. Fall Mz.: -n oder -en.

„Halbstarke“

Die „halbstarken“ Hauptwörter zeigen in der Einzahl die Merkmale der starken und in der Mehrzahl die der schwachen Beugung. Beispiele:

Vetter (-s, -n), Stachel (-s, -n), Muskel (-s, -n)
Auge (-s, -n), Schmerz (-es, -en).

In der Grammatik nennt man das „gemischte“ Beugung.

4. Die vier Fälle des Hauptwortes

Der König, der Bettler, der Dicke und der Dünne

Jeder von diesen vier Fällen hat nach den „Gesetzen der Grammatik“ einen anderen Zweck zu erfüllen, und jeder ist in seiner Art wichtig. Mit Ausnahme des ersten Falles, also des Nominativs, stellen sie in dem Satz, in dem sie jeweils auftreten, mit Hilfe von Endungen an Haupt-, Eigenschafts-, Für- und Zahlwörtern Beziehungen zwischen Wortgruppen oder einzelnen Wörtern her.
Eine wichtige Rolle spielen dabei oft Vorwörter (auch Verhältniswörter oder Präpositionen genannt). Jedes dieser meist recht unscheinbaren, aber in ihrer Gesamtheit als Mörtel der Sprache wichtigen Wörter hat die Aufgabe, sich mit einem bestimmten Fall zu verbinden. Wir, die Benützer der Sprache, müssen ihnen helfen, ihre Aufgaben zu erfüllen, also jedesmal den für sie richtigen Fall zu finden. Leider haben aber nicht selten sowohl die Fälle wie auch die Vorwörter Ursache, mit uns Sprechern oder Schreibern unzufrieden zu sein. Hören wir uns an, was die vier Fälle diesbezüglich zu sagen und zu klagen haben.

Der erste Fall
(Nominativ)

„Ich für meinen Teil habe keinerlei Grund, mich zu beklagen, obwohl keiner meiner Brüder so viel zu tun hat wie ich. Es gibt ja bekanntlich keinen Satz ohne Subjekt, und da dieses immer im ersten Fall steht, gibt es keinen Satz ohne mich. Als Subjektsfall habe ich sehr oft die Ehre, an der Spitze des Satzes zu stehen, und so darf ich mich, alles in allem betrachtend, wohl mit Recht als den KÖNIG DER FÄLLE bezeichnen. Meine Brüder haben – als ‚gewöhnliche‘ Fälle – oft Schwierigkeiten mit dem Volk der Vorwörter. Da es aber Vorwörter nur zur Verbindung mit dem zweiten, dritten und vierten Fall gibt, kenne ich solche Schwierigkeiten überhaupt nicht. Ich bin ein glücklicher und zufriedener König.“

Der zweite Fall
(Genitiv)

„Ach, was bin ich doch für ein armer Hascher! Es gibt eine Menge Vorwörter, die nach den ‚Gesetzen der Grammatik‘ verpflichtet sind, sich mit mir zu verbinden. Dazu gehören unter anderen (AN)STATT, ANSTELLE, DIESSEITS, INFOLGE, JENSEITS, OBERHALB, UNTERHALB, WÄHREND und WEGEN. Aber ich weiß nicht: Wollen sie mich nicht, oder versperrt ihnen jemand den Weg zu mir? Ich muß jedenfalls immer wieder mit Bedauern beobachten, daß manche dieser Vorwörter Verbindung zu anderen Fällen suchen.

So, wie es die Zeichnung hier zeigt, sollte es sein. Aber gerade diese vier Vorwörter sind es, die mich am öftesten im Stich lassen und – zum Beispiel – im Blätterwald statt mit mir mit dem dicken Dativ, dem dritten Fall, umherkutschieren."

Soweit also die Klagen des armen Genitivs. Beweise dafür, daß an seinen Behauptungen alles der Wahrheit entspricht und nichts übertrieben ist, sind sehr leicht zu erbringen. Hier einige Beispiele:

„Statt dem Arzt wurde ein Priester geholt." (Richtig: Statt **des** Arzt**es** . . .)

„Es soll Leute geben, die sich die ‚Zeit im Bild' nur wegen ihm anschauen." (Gemeint ist ein bestimmter Sprecher. – Richtig wäre: wegen **seiner** oder **seinetwegen**.)

„Während dem dreifachen Salto stürzte der Artist aus der Zirkuskuppel." (Richtig: Während **des** . . . Saltos.)

Nun meldet sich nochmals der arme Genitiv zum Wort:
„Ich sehe ein", sagt er, „daß ich an manchen Wortformen als zweiter Fall nicht zu erkennen bin und daß man mich aus solchen Gründen durch einen anderen Fall (durch den dritten nämlich) ersetzt. Weil also – zum Beispiel – ‚wegen Rauschgiftdelikt**e**' (der Genitiv hat hier die Form des Nominativs) nicht befriedigt, sagt man ‚wegen Rauschgiftdelikte**n**' (dritter Fall). In allen anderen Zusammenhängen fühle ich mich aber durch solche Untreue der Vorwörter schwer gekränkt. Meine Brüder haben dafür leider nicht das geringste Verständnis. Sie lachen darüber nur und nennen mich armen Bettler einen alten Raunzer.

Damit, daß man mich in der Mundart überhaupt nicht kennt und ich auch in der Umgangssprache nur äußerst selten zum Zug komme, habe ich mich notgedrungen abgefunden, aber im übrigen werde ich mich eben weiter durchs Leben raunzen müssen."

Der dritte Fall
(Dativ)

Im Gegensatz zu dem schwachen, leicht verzagten Bettler oder Raunzer Genitiv ist der Dativ ein mutiger Kraftlackel. Muß er irgendwo einen Verlust hinnehmen, dann ist er immer schlau genug, sich auf anderen Gebieten Ersatz zu verschaffen. „Über meine Vorwörter", sagt er selbst, „habe ich kaum zu klagen. Sie halten treu zu mir." Die wichtigsten dieser Vorwörter sind hier zu sehen:

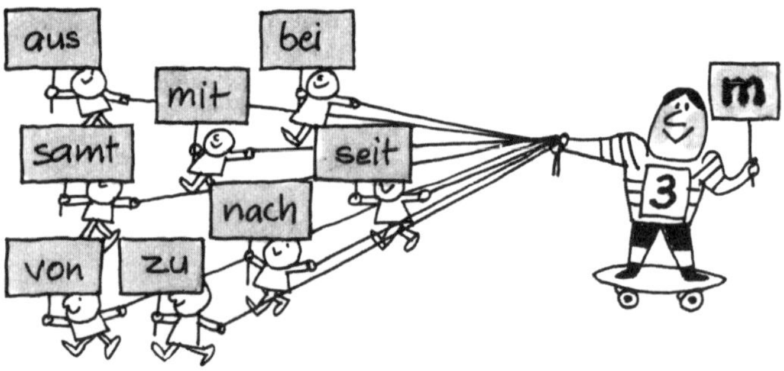

Gelegentlich ärgert sich der „Dicke" über das Vorwort NAHE, weil es sich, statt ihm zu dienen, oft mit dem Genitiv verbindet. So lautete – zum Beispiel – eine Überschrift in einer Zeitung:

„Auf einer Scholle nahe des Nordpols". (Richtig: nahe de**m** Nordpol.)

Auch der folgende Satz stammt aus einer Zeitung:

„Nahe des Einganges der WIG blühen 60 000 Hyazinthen." (Richtig: Nahe de**m** Eingang.)

Und über einen Dieb wurde geschrieben:

„Nahe seines Heimatortes hat er an einer Baustelle Stahlbetonstangen entwendet.“ (Richtig: Nahe seine**m** Heimatort.)
Offensichtlich aus Rache dafür wandte sich der Dativ an einige andere Vorwörter, die nach den „Gesetzen“ den Genitiv „nach sich zu ziehen“ haben, und es gelang ihm, sie für sich zu gewinnen. Besonders die Vorwörter (AN)STATT, WÄHREND und WEGEN lassen sich jetzt schon viel öfter mit dem Dativ als mit dem Genitiv sehen, wie wir ja aus dem Munde des „Raunzers“ bereits gehört haben.
Im übrigen hat auch der Dativ unter seinen Brüdern einen Spitznamen. Sie nennen ihn den Dicken, und das nicht nur wegen seines Aussehens, sondern vor allem deshalb, weil in der Endung des dritten Falles der Einzahl vieler Wörter der wichtigste Buchstabe das „m“ (mit den drei Abstrichen) ist und dieses im Vergleich mit dem „n“ des vierten Falles eben „dick“ erscheint.
Der vierte Fall, also der Akkusativ – wir werden ihn noch kennenlernen –, wird vom Raunzer und vom Dicken wegen des schmalen „n“, das in seinen Endungen die Hauptrolle spielt, als der Dünne bezeichnet.
Der Dicke freut sich besonders über das, was sich in Beisätzen, den sogenannten Appositionen, abspielt. Beisätze sollen ja mit dem Haupt- oder dem Fürwort, zu dem sie gehören, im Fall übereinstimmen. Immer häufiger gelingt es aber dem Dicken, in Beisätze einzudringen, in denen ein anderer Fall stehen sollte. Auch dazu hier einige Beispiele:

„Schmerzhaft begannen für de**n** kleinen Michael, einem echten Großstadtbuben, die großen Ferien.“ (Richtig: eine**n** echten Großstadtbuben.)

In einem Reisebericht hieß es:

„Wir kamen ins ‚Niemandsland‘, einem verlorenen Stück Straße . . .“ (Richtig: **ein** verlorenes Stück Straße.)

Über eine berühmte Filmschauspielerin wurde geschrieben:

„Viel wurde kürzlich über ihre**n** neue**n** Bekannte**n**, dem Sänger S. L., gemunkelt.“ (Richtig: über ... de**n** Sänger ...)

Noch etwas aus einer Zeitungsmeldung:

„Die Umgebung **des** Unteren Schreiberweg**es**, dem Schauplatz einer Entführung, glich einem Schwarm aufgescheuchter Wespen.“ (Richtig: d**es** Schauplat**zes** ...)

Erstaunlich ist auch, wie der Dativ es versteht, das unbestimmte Fürwort EIN(-E, -ER, -ES) im dritten Fall auftreten zu lassen, wo der vierte richtig wäre. So hört man – zum Beispiel – immer wieder:

„Das freut einem, ärgert einem, kränkt einem, wundert einem usw. (Richtig wäre hier überall „eine**n**“.)

Der vierte Fall
(Akkusativ)

Hören wir zunächst, was der „Dünne“ – so wird ja, wie wir schon wissen, der Akkusativ von seinen Brüdern genannt – selbst zu sagen hat:
„Ich habe unter den vielen Vorwörtern sechs, die mir nach den Gesetzen der Grammatik zum Dienst verpflichtet sind. Auf der nächsten Seite sehen wir sie.

Sorgen bereitet mir nur eines dieser Vorspannwörter, und das heißt OHNE. Immer wieder treibt es sich – besonders im Blätterwald – mit dem dicken Dativ herum, und einige Male habe ich es sogar auch schon Arm in Arm mit dem alten Raunzer Genitiv gesehen."

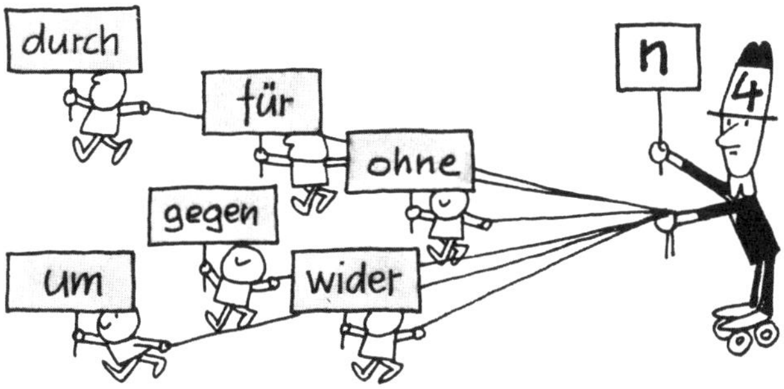

Um Beispiele zur Begründung seiner Sorgen ist der „Dünne" nie verlegen:

„Gestern gab es eine ‚Tatort'-Sendung, die ohne endlosen Verfolgungsjagden auskam."

„Die Reisegruppe mußte ohne dem Brüderpaar heimfahren."

„Man kann sich heute einen Haushalt ohne eines Fernsehgerätes kaum noch vorstellen."

Richtig wäre natürlich:

„. . . ohne endlose Verfolgungsjagden", „ohne das Brüderpaar"
und

„ohne ein Fernsehgerät".

5. Vorwörter für zwei Fälle

Auch dieses hübsche Mädchen ist ein Vor(spann)wort, und es gibt von dieser Art ziemlich viele. Jedes von ihnen darf sich mit zwei Fällen verbinden: einerseits mit dem „Dicken“, also dem Dativ, und andererseits mit dem „Dünnen“, dem Akkusativ. Hier sehen wir sie nun alle miteinander, jedes in seinen beiden möglichen Verbindungen:

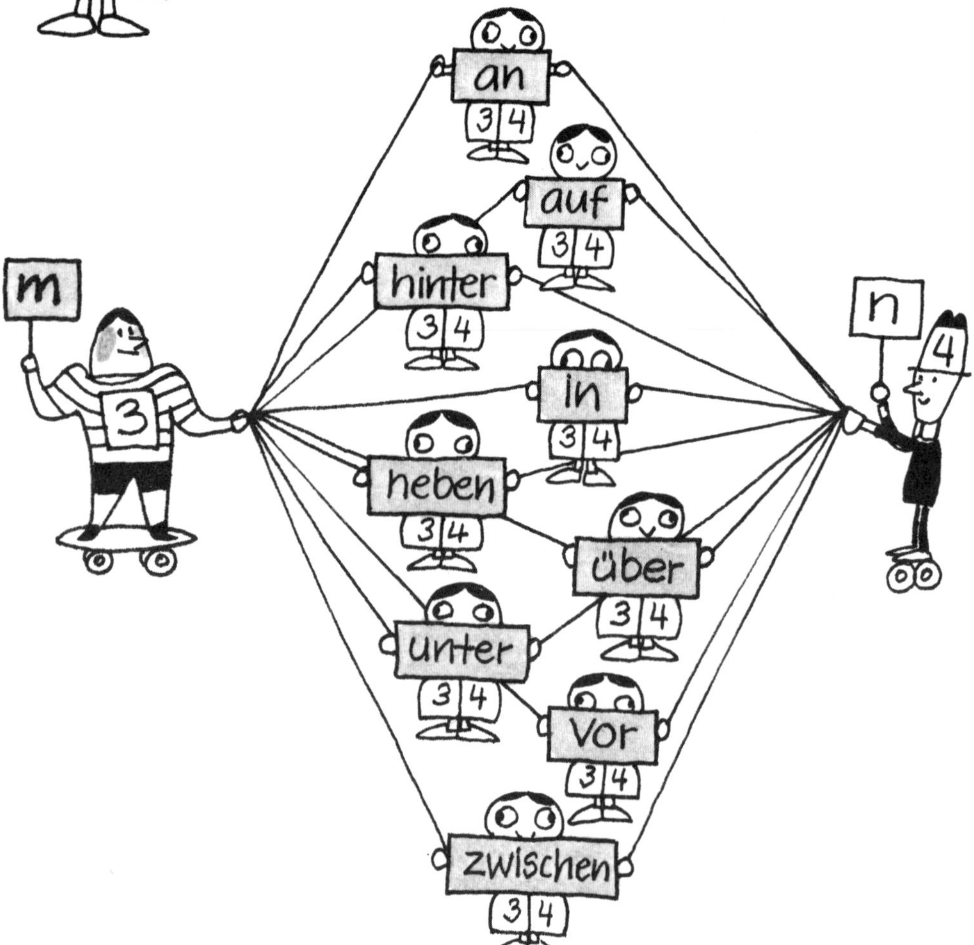

Ganz nach Laune und Belieben dürfen sich diese Vorwörter allerdings nicht für den einen oder den anderen der beiden Fälle entscheiden. Es gibt dazu eine genaue Regel, und die lautet: Auf die Frage WO ist der Dativ zu wählen, also der dritte Fall, und auf die Frage WOHIN der Akkusativ. Der „Dicke“ drückt einen Zustand aus, der „Dünne“ hingegen Bewegung. Die nun folgenden Beispiele zeigen diese Vorwörter in richtiger Verwendung:

Wohin?

Wo?

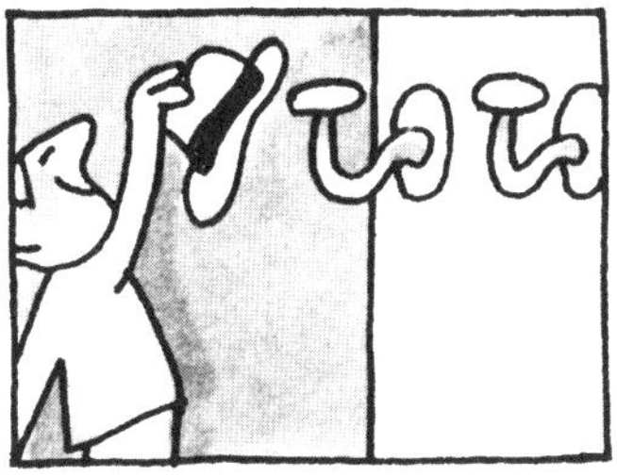

Er hängt den Hut
an de**n** Haken.

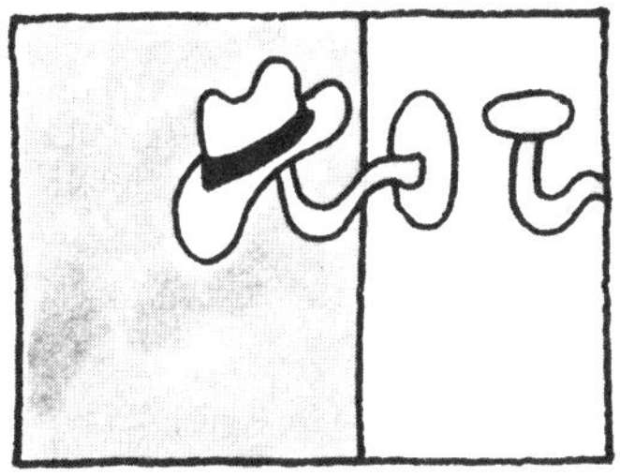

Der Hut hängt
an de**m** Haken.

Sie stellt die Vase
auf de**n** Tisch.

Die Vase steht
auf de**m** Tisch.

Die Katze kriecht
hinter de**n** Kasten.

Die Katze ist
hinter de**m** Kasten.

Sie hängt den Mantel
in de**n** Kasten.

Der Mantel hängt
im Kasten.

Wohin?

Wo?

Die Couch wird
neben de**n** Kasten geschoben.

Die Couch steht
neben de**m** Kasten.

Das Bild wird
über de**n** Schreibtisch gehängt.

Das Bild hängt
über de**m** Schreibtisch.

Der Tisch wird
unter de**n** Luster geschoben.

Der Tisch steht
unter de**m** Luster.

Sie stellt die Schüssel
vor de**n** Hund.

Die Schüssel steht
vor de**m** Hund.

Wohin?

Er hängt die Uhr zwischen de**n** Christbaum und de**n** Kasten.

Wo?

Die Uhr hängt zwischen de**m** Christbaum und de**m** Kasten.

II. Fürwörter

1. Persönliche Fürwörter
(Personalpronomen)

Die persönlichen Fürwörter stehen, wie das folgende Beispiel zeigt, in einem engen Verhältnis zum vorangegangenen Subjekt:

„Der Sohn des Herrn Kunz ist abgängig. Er ist zwanzig Jahre alt."

Jeder Leser dieses Satzes wird erkennen, daß mit dem Fürwort ER der Sohn gemeint ist, obwohl das Wort SOHN von dem Fürwort ER weiter entfernt ist als HERR KUNZ. SOHN ist eben das Subjekt des Satzes, und auf dieses bezieht sich das persönliche Fürwort allen „Hindernissen" zum Trotz.

Beachtet man beim Schreiben diese Eigenschaft der persönlichen Fürwörter nicht, dann muß man darauf gefaßt sein, daß der Leser das Geschriebene anders auffaßt, als man es gemeint hat. Dazu nun einige Beispiele:

Da junge Hunde an allen möglichen umherliegenden Dingen zu nagen pflegen, empfahl ein um die erwähnte Eigenheit der persönlichen Fürwörter wenig besorgter Schreiber den Besitzern solcher Tiere die Anschaffung eines „Kauknochens", und dann hieß es weiter:

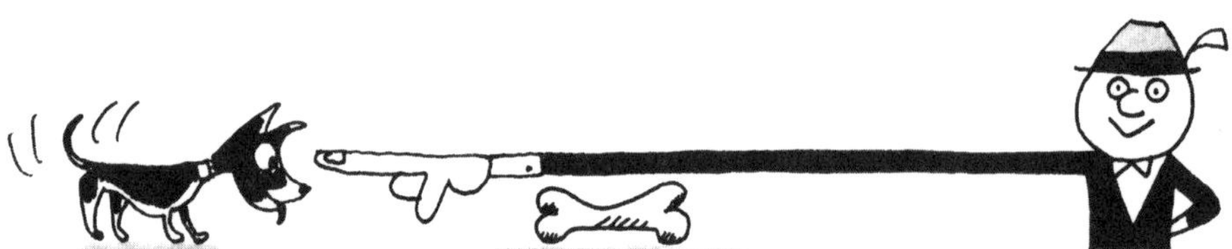

„Der Hund wird an dem Kauknochen nagen, und wenn er noch dazu mit Bratensaft aromatisiert ist, verschont er vielleicht sogar Ihre Schuhe."

Besser wäre es gewesen, so zu schreiben: „Der Hund wird an dem Kauknochen nagen, und wenn DIESER noch dazu mit Bratensaft aromatisiert ist, bleiben vielleicht sogar Ihre Schuhe verschont."

Das hinweisende Fürwort DIESER bezieht sich nämlich, wie wir später auch noch an anderen Beispielen sehen werden, nicht auf das Subjekt, sondern zeigt, wenn es um Bezug geht, eine andere Eigentümlichkeit.

In einem Bericht über eine Gerichtsverhandlung war zu lesen:

„Der Verteidiger bat für Dörfler um ein mildes Urteil. Er bekam eine Gefängnisstrafe von sechs Monaten."

Richtig wäre gewesen: „Der Verteidiger bat für Dörfler um ein mildes Urteil. Der Angeklagte bekam eine Gefängnisstrafe . . ."

Seltsames wurde auf solch leichtfertige Weise auch über einen Mann berichtet, der einen entsprungenen Affen einfangen wollte:

„Bachler verfolgte den Affen bis in den Wald. Dort sprang er aber von einem Baum auf den andern und war bald nicht mehr zu sehen."

Besser: „Bachler verfolgte den Affen bis in den Wald. Dort sprang DAS TIER aber von einem Baum auf den andern und . . ."

2. Hinweisende Fürwörter
(Demonstrativpronomen)

a) DIESE(-R, -S)

Das hinweisende Fürwort DIESE(-R, -S) bezieht sich auf das ihm am nächsten stehende Hauptwort, das mit ihm in Geschlecht und Zahl übereinstimmt. An die Stelle des Hauptwortes kann auch ein Fürwort treten. Zwei Beispiele:

Bei einer Schießerei zwischen

Meier und Müller wurde dieser schwer verletzt.

Als ein Polizist den Räuber verfolgte, flüchtete dieser in ein Auto und fuhr davon.

b) JENE(-R, -S)

Das hinweisende Fürwort JENE(-R, -S) bezieht sich auf das von ihm **weiter** entfernte von zwei Haupt- oder Fürwörtern. Übereinstimmung in Geschlecht und Zahl ist auch für diesen Bezug Voraussetzung:

Bei einer Schießerei zwischen

Meier und Müller wurde dieser schwer, jener leicht verletzt.

3. Bezügliche Fürwörter
(Relativpronomen)

Auch die bezüglichen Fürwörter (der, die, das; welcher, welche, welches) beziehen sich auf das ihnen am nächsten stehende Hauptwort, das zu ihnen in Geschlecht und Zahl paßt. Beispiele:

Peter bekam von seinem Vater einen Hund, der erst zwei Monate alt war.

Nicht richtig gebaut sind also Sätze wie die folgenden:

Petra bekam von ihrer Tante eine Puppe, die in Amerika lebt.

Kinderfräulein zu zweijährigem Mädchen gesucht, das auch kochen kann.

Richtig hätten diese beiden Sätze so zu lauten:

Petra bekam von ihrer Tante, die in Amerika lebt, eine Puppe.

Kinderfräulein, das auch kochen kann, zu zweijährigem Mädchen gesucht.

4. Das Fürwort WAS und die Vorwörter

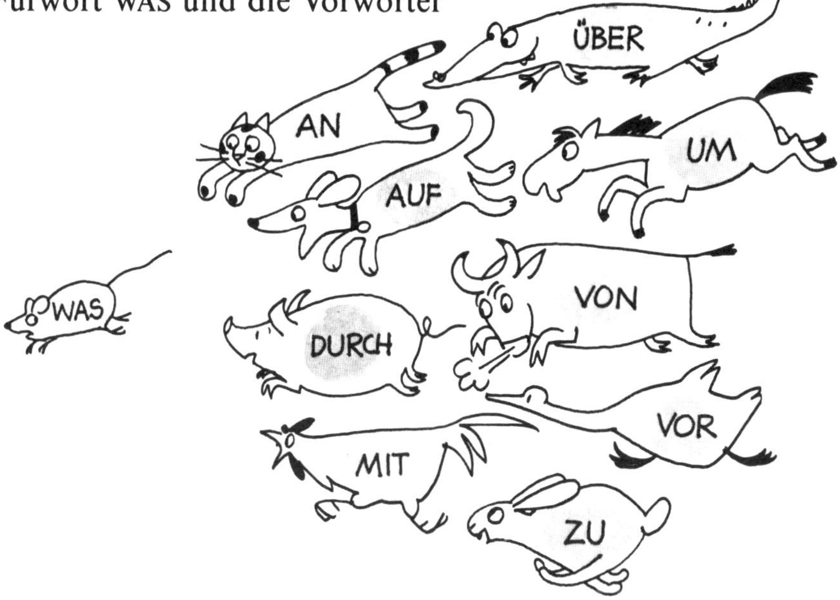

Das Fürwort WAS ist in der großen Welt der Wörter nur ein armes, kleines Mäuslein. Sogar vor Vorwörtern, die sich ihm nähern, versucht es schleunigst zu flüchten. Leider gelingt ihm das aber nicht immer, weil es von vielen Sprechern (und sogar auch Schreibern) zur Verbindung mit Vorwörtern gezwungen wird. Zumindest in der Schriftsprache sollte man also nicht sagen:

AN WAS denkst du jetzt?
AUF WAS freust du dich schon am meisten?
DURCH WAS ist es zu dem Unfall gekommen?
MIT WAS kann man Obstflecken auf Kleidern entfernen?
UM WAS wetten wir?
ÜBER WAS habt ihr gestritten?
VON WAS hast du heute nacht geträumt?
VOR WAS fürchtest du dich?
ZU WAS hast du den Regenschirm mitgenommen?

Richtig ist es, statt „an was" WORAN, statt „auf was" WORAUF, statt „durch was" WODURCH, statt „mit was" WOMIT, statt „um was" WORUM, statt „über was" WORÜBER, statt „von was" WOVON, statt „vor was" WOVOR und statt „zu was" WOZU zu sagen.

Angst vor Vorwörtern zeigt das Fürwort WAS deshalb, weil es nur in drei Fällen auftreten kann: im ersten (WAS), im zweiten (WESSEN) und im vierten (WAS). Für den dritten Fall hat es keine eigene Form, und darum kann es sich mit Vorwörtern, die den Dativ verlangen (zum Beispiel MIT, VON, ZU), nicht verbinden.

Da die Menschen aber beim Sprechen und Schreiben nicht immer daran denken, welchen Fall ein Vorwort, das sie gerade verwenden, verlangt, ist es üblich geworden, in der Schriftsprache zur Vermeidung von Fehlern Verbindungen des Wörtchens WAS auch mit Vorwörtern, die den vierten Fall verlangen (DURCH, FÜR, UM usw.), zu unterlassen.

Natürlich gilt das hier Gesagte für **alle** Vorwörter, die den dritten oder den vierten Fall verlangen, also auch für die hier nicht genannten.

III. Artikel

1. Der bestimmte Artikel

Über das seltsame Tier, das wir hier sehen, war in einem Zeitungsbericht zu lesen:
„Unter den preisgekrönten Tieren sind sechs Rinder, zwei Pferde sowie der Kater und Papagei des Herrn Brausewind.“

Zum Vergleich damit zeigt uns nun dieses Bild den „Kater und **den** Papagei“ des Herrn Meier:

Beim Weglassen des bestimmten Artikels ist also in solchen Fällen Vorsicht geboten. „Der Unterrichts- und Gesundheitsminister“ ist **ein** Minister für zwei Amtsbereiche. Gibt es aber für jeden dieser Bereiche einen eigenen Minister, dann ist es richtig, „der Unterrichts- und **der** Gesundheitsminister“ zu schreiben.

2. Der unbestimmte Artikel

Frau Meier hat eine weiße und schwarze Katze. Hier sehen wir sie:

Frau Müller hingegen hat eine weiße und **eine** schwarze Katze:

Davon, ob der unbestimmte Artikel nur einmal oder zweimal gesetzt wird, hängt also in diesen und in vielen anderen Fällen der Sinn des Satzes ab.

Robert besorgte sich ein 30 und 20 Zentimeter langes Lineal. Was er dann hatte, sehen wir hier:

Helga hat ein 30 und **ein** 20 Zentimeter langes Lineal:

Obwohl diese Unterschiede leicht zu erkennen sind, kommt sinnstörendes Weglassen des unbestimmten Artikels ziemlich oft vor. So behauptet – zum Beispiel – Frau Moser, einen 45- und 55jährigen Bruder zu haben. Das ist zwar kaum zu glauben, aber unmöglich ist es nicht. Die Zeichnung hier entspricht der angeführten Behauptung:

Frau Müller hat nach eigener Aussage einen 45- und **einen** 55jährigen Bruder. Es besteht kein Grund, an der Richtigkeit dieser Aussage zu zweifeln.

Herr Bauer ist stolz darauf, einen Hahn und Hund zu haben. Hier sehen wir das hübsche Tier:

Herr Berger hingegen hat einen Hahn und **einen** Hund.

IV. Das Zeitwort (Verb)

1. Haupt- und Hilfszeitwörter

a) Das Hauptzeitwort als Beherrscher des Satzes
Zu jedem Satz gehört ein Zeitwort. Man spricht oft davon, daß das Zeitwort wichtiger ist als alle anderen Wortarten; es sagt uns ja, was jemand tut oder was geschieht, und überdies gibt es Auskunft über die Zeit, in der sich das Geschehen des Satzes vollzieht: in der Gegenwart, in der Vergangenheit oder in der Zukunft. Auf diese Weise beherrscht es als „starker Mann" den ganzen Satz. Die Bezeichnung TÄTIGKEITSWORT ist also genauso gerechtfertigt wie der Name ZEITWORT.

Dazu nun an erster Stelle einige Beispiele in der Gegenwart:

Die Bauern arbeiten auf dem Feld.

Der Wind zerbricht so manche Fensterscheibe.

Unsere Katze fängt täglich ein paar Mäuse.

Eine kleine Änderung der Form des Zeitwortes genügt, und schon wissen wir, daß das Geschehen, von dem die Rede ist, nicht der Gegenwart, sondern – zum Beispiel – der **Vergangenheit** angehört:

Der Bauer arbeitete auf dem Feld. Der Wind zerbrach einige Fenster-

scheiben. Unsere Katze fing gestern drei Mäuse.

b) Die Hilfszeitwörter

● werden

Das Hauptzeitwort kann seine Aufgaben nicht immer so leicht erfüllen wie in den bisher angeführten Sätzen. Wenn es – zum Beispiel – um den Ausdruck der **Zukunft** geht, gerät der „starke Mann“ in Verlegenheit und braucht Hilfe.

Sofort eilt daraufhin ein Helfer herbei. Es ist das Hilfszeitwort WERDEN, und mit dessen Hilfe entstehen Sätze wie die folgenden:

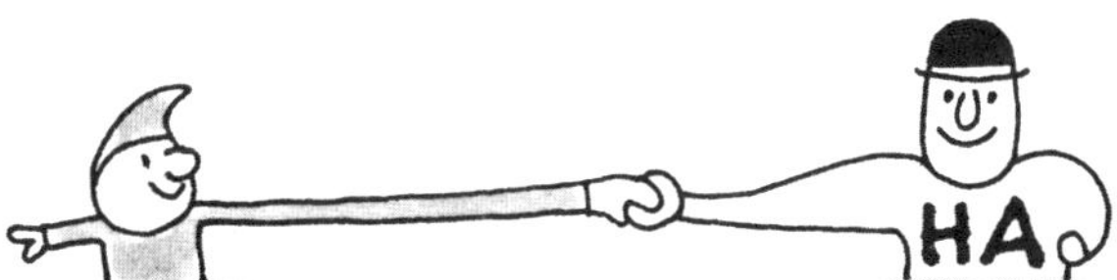

Die Bauern werden morgen auf dem Feld arbeiten.

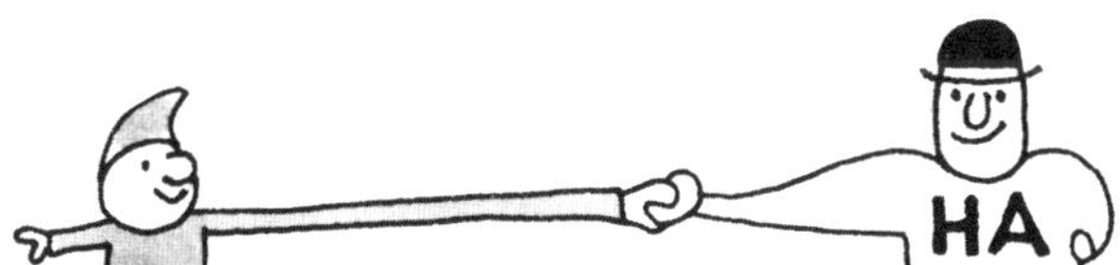

Der Wind wird wieder Fensterscheiben zerbrechen.

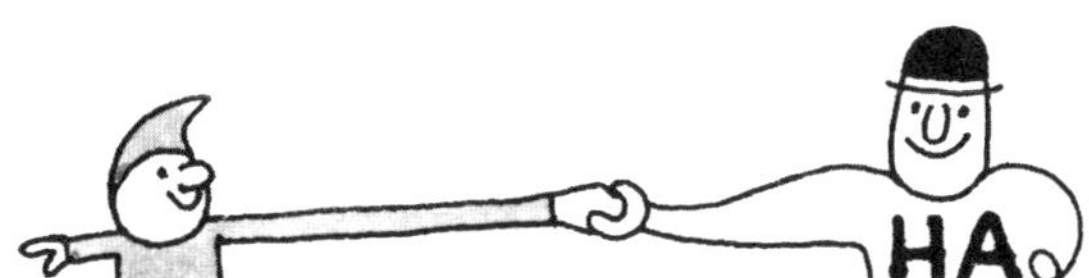

Die Katzen werden auch morgen Mäuse fangen.

Es kommt auch vor, daß ein Hauptzeitwort der Unterstützung durch ein Hilfszeitwort sogar in der **Gegenwart** bedarf; dann nämlich, wenn ein Geschehen in der **Leideform** ausgedrückt werden soll.

Hier zwei Beispiele:

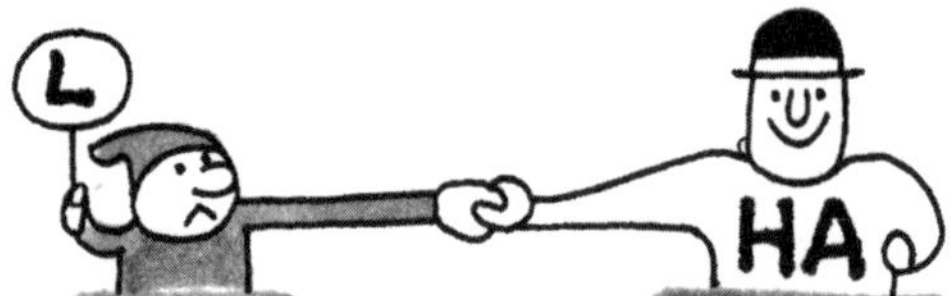

Viele Fensterscheiben werden vom Wind zerbrochen.

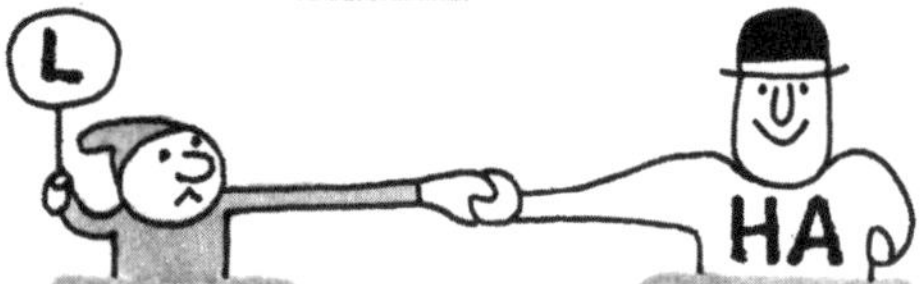

Viele Mäuse werden von Katzen gefressen.

In der Mitvergangenheit wird daraus:

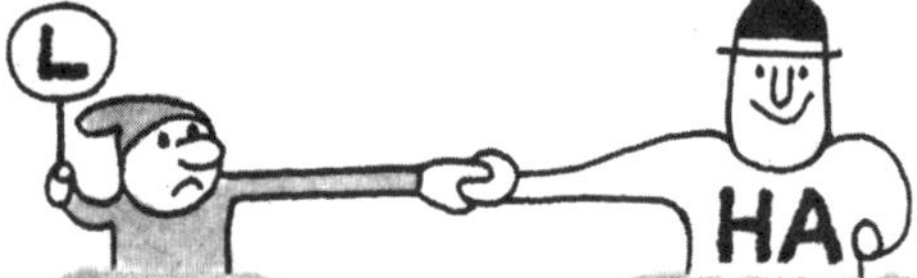

Viele Fensterscheiben wurden vom Wind zerbrochen.

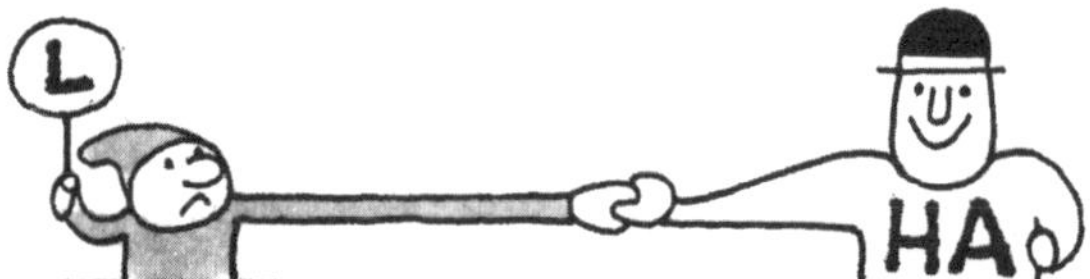

Auch gestern wurden Mäuse von Katzen gefressen.

Soll aber ein **zukünftiges** Geschehen in der **Leideform** ausgedrückt werden, dann muß das helfende Wörtchen WERDEN sogar **zwei**mal einspringen: einmal, um die Zukunft auszudrücken, und einmal als Zeichen der Leideform:

Viele Fensterscheiben werden vom Wind zerbrochen – werden.

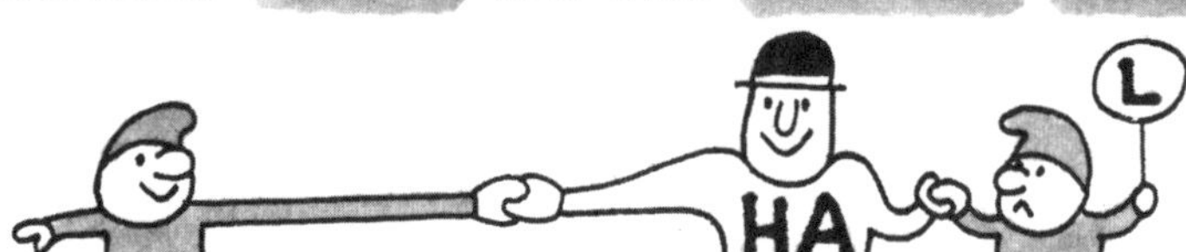

Von Katzen werden noch viele Mäuse gefressen werden.

Das ist aber keineswegs alles, was das Wörtchen WERDEN kann. In manchen Sätzen tritt es nämlich sogar als HAUPTzeitwort auf. Diese Rolle fällt ihm dann zu, wenn in einem Satz außer ihm kein anderes Zeitwort vorhanden ist. WERDEN bildet dann die Satzaussage zusammen mit einem Haupt- oder einem Eigenschaftswort:

α) WERDEN als Hauptzeitwort in Verbindung mit einem Hauptwort
Gegenwart:

Der Sohn des Herrn Schmiedl wird Lehrer.

Mitvergangenheit:

Der Sohn des Herrn Schmiedl wurde Lehrer.

β) WERDEN als Hauptzeitwort mit einem Eigenschaftswort
Gegenwart:

Ich fürchte, ich werde krank.

Mitvergangenheit:

Peter wurde in den Weihnachtsferien krank.

Verzwickt werden die Dinge in der Zukunft. Da braucht nämlich das Hauptzeitwort WERDEN einen seiner vielen „kleinen“ Brüder, die ebenfalls WERDEN heißen, aber bereit sind, sich dem „großen“ Bruder als Helfer zur Verfügung zu stellen. Auch in solchen Fällen kann das Hauptzeitwort WERDEN in Verbindung mit einem Haupt- oder Eigenschaftswort auftreten.

Mit einem Hauptwort:

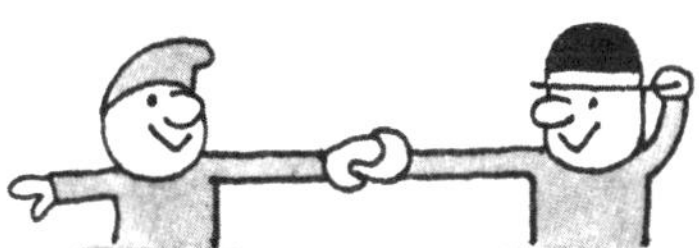

Der Sohn des Herrn Schmiedl wird Lehrer werden .

Mit einem Eigenschaftswort:

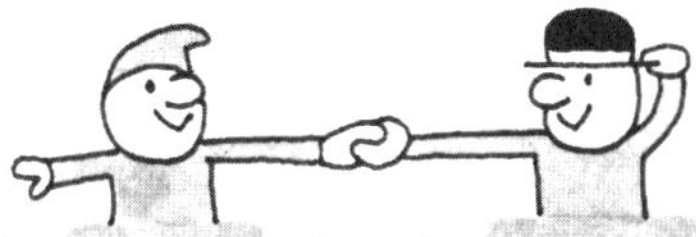

Ich fürchte, ich werde krank werden .

● haben

Ähnliches wie WERDEN leistet das Wort HABEN.
Als HILFSzeitwort hilft es den Hauptzeitwörtern, die **Vergangenheit** (das Perfekt) zu bilden:

Herr und Frau Bösemann haben gestritten .

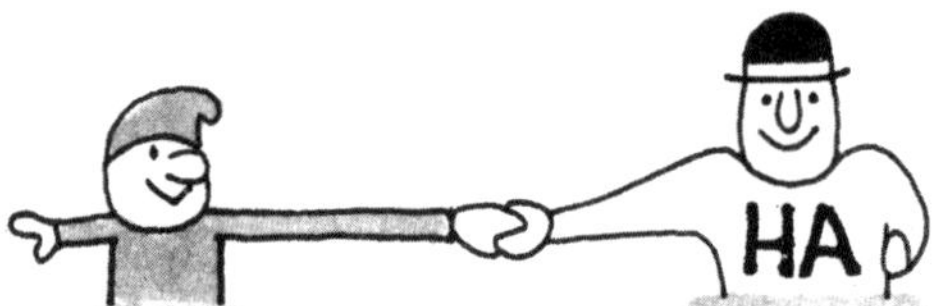

Frau Guttmann hat ihre Geldbörse verloren .

In etwas veränderter Form kann HABEN auch die **Vorvergangenheit** (das Plusquamperfekt) bilden helfen:

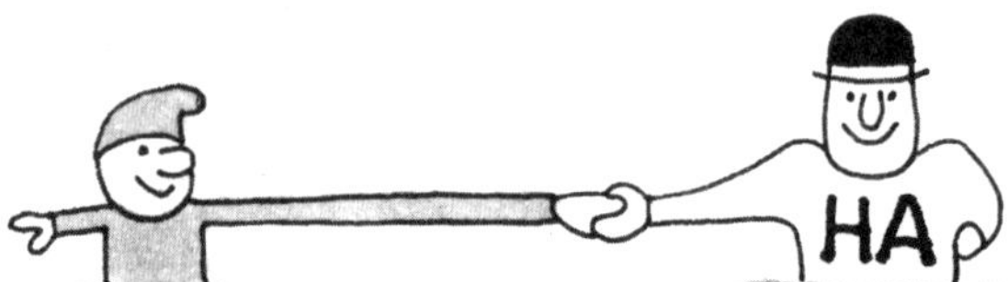

Karin weinte. Sie hatte eine schlechte Note bekommen .

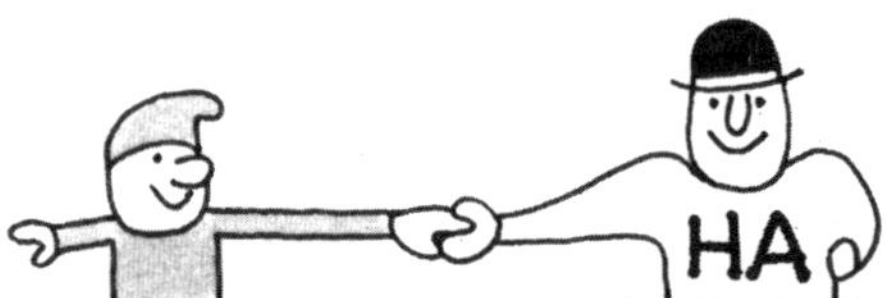

Kurt freute sich; er hatte eine Wette gewonnen .

Als HAUPTzeitwort verbindet sich HABEN immer mit Hauptwörtern.
Es bedeutet in dieser Rolle sehr oft soviel wie BESITZEN:

Herr Müller hat ein schönes, großes Auto.

Herr und Frau Fröhlich haben einen kleinen Garten.

Aber nicht alles, was man „hat“, ist Besitz. Die folgenden Beispiele zeigen uns das recht deutlich:

Peter **hat** einen Schnupfen. Seine Schwester **hat** Zahnweh.

Nicht richtig erkannt wird oft die Form HATTE. Sie spielt – zum Beispiel – in jedem der zwei folgenden Sätze eine andere Rolle:

Frau Guttmann **hatte** kein Geld bei sich.

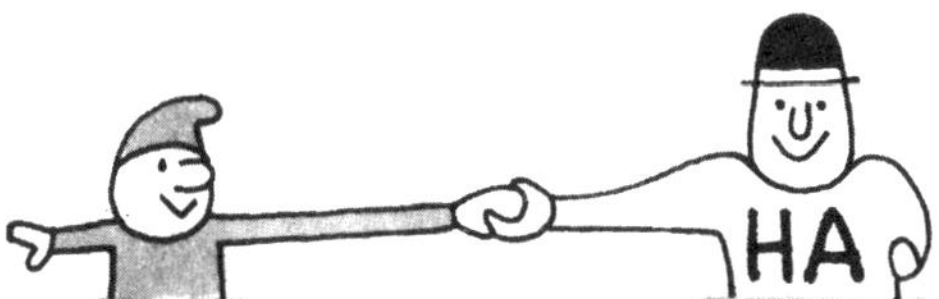

Sie **hatte** ihre Geldbörse **verloren** .

Im ersten dieser beiden Sätze ist HATTE HAUPTzeitwort und drückt die Mitvergangenheit (das Präteritum, das Imperfekt, die erste Vergangenheit) aus. Im zweiten Satz bildet es als HILFSzeitwort zusammen mit dem Hauptzeitwort VERLIEREN die VORvergangenheit (das Plusquamperfekt).

- sein

SEIN ist von den drei Hilfszeitwörtern der Zeit (haben – sein – werden) das verwandlungsfähigste. Schon allein in der Gegenwart tritt es in fünf Gestalten auf:

Als HILFSzeitwort hilft SEIN mit, die Zeitform VERGANGENHEIT (Perfekt) zu bilden, indem es sich mit einem Hauptzeitwort, das in der Form des zweiten Mittelwortes (des Mittelwortes der Vergangenheit) auftritt, verbindet:

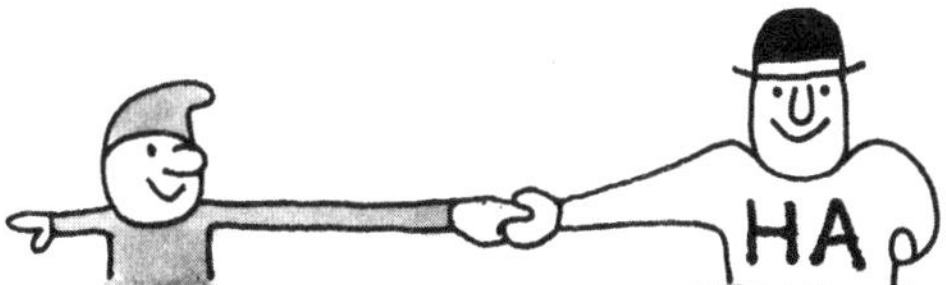

Peter **ist** beim Radfahren **gestürzt** .

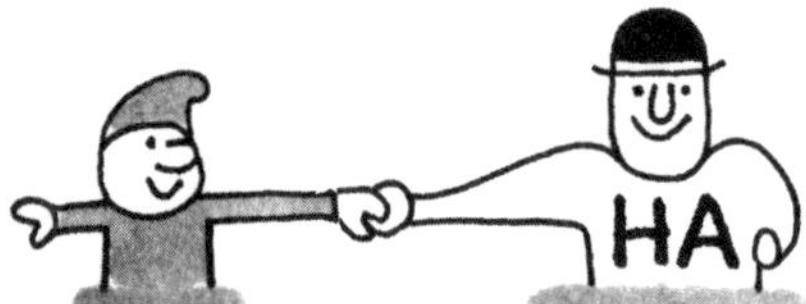

Karin und Karla sind ins Kino gegangen.

Beachtung verdient auch der Unterschied zwischen den zwei nun folgenden Sätzen:

Herr Müller ist gestorben. — Herr Müller ist tot.

Im ersten Beispiel tritt IST in Verbindung mit einer Form des Zeitwortes STERBEN auf und spielt darum nur die Rolle eines HILFSzeitwortes. Im zweiten Satz finden wir IST als einzige Zeitwortform. Es gilt darum in diesem Fall als HAUPTzeitwort.

Als Hauptzeitwort kann SEIN ebenso wie WERDEN nicht nur in Verbindung mit Eigenschafts-, sondern auch mit Hauptwörtern auftreten.

In Verbindung mit einem Eigenschaftswort haben wir es schon kennengelernt. Zur Verdeutlichung hier noch ein paar Beispiele:

Ich bin krank. Du bist gesund. Peter ist müde.

Wir sind glücklich. Ihr seid froh.

Nun einige Beispiele mit SEIN als Hauptzeitwort in Verbindung mit Hauptwörtern:

Ich bin ein Mann. Du bist mein Freund. Kurt ist Lehrling.

Wir sind Freunde. Ihr seid Brüder. Sie sind Schwestern.

Als Hauptzeitwort kann SEIN sogar sein „Bruderwort“ WERDEN als Helfer heranziehen, um mit ihm gemeinsam die Zukunft auszudrücken.

In ähnlicher Weise zeigt übrigens auch HABEN gelegentlich seine „Macht“:

2. Beugung (Konjugation) des Zeitwortes

Wie bei den Hauptwörtern, so spricht man auch bei den Zeitwörtern von starker und von schwacher Beugung (auch Abwandlung oder Konjugation). Zur Unterscheidung der „starken“ von den „schwachen“ Zeitwörtern muß man die Grundformen betrachten: die erste Person Einzahl der Gegenwart wie auch der Mitvergangenheit (des Präteritums oder Imperfekts) und das zweite Mittelwort (Mittelwort der Vergangenheit), also zum Beispiel: singe – sang – gesungen. Ein Vergleich dieser Formen zeigt

bei den „starken“ Zeitwörtern:
Der Stammselbstlaut ändert sich (die „starken“ Zeitwörter „lauten ab“), und das Mittelwort der Vergangenheit endet auf „-en“.

bei den „schwachen“ Zeitwörtern:
Der Stammselbstlaut bleibt in allen drei Formen gleich, die Mitvergangenheit endet auf „-te“, das Mittelwort der Vergangenheit auf „-(e)t“.

In dem Tiergarten, den wir jetzt besuchen werden, gibt es Tiere, die uns als Symbole für die genannten Gruppen von Zeitwörtern dienen können. Ihr Aussehen ändert sich „von Zeit zu Zeit“. Ihr Leib stellt den Stamm des Zeitwortes dar. Er ändert sich nur bei den Symbolen für die „starken“ Zeitwörter (Gegenwart – Mitvergangenheit – Vergangenheit). Der Schwanz gilt als Sinnbild für die Endungen des Zeitwortes. Im ersten Bild ist es das „-e“ der ersten Person Gegenwart, Einzahl (ich singe). Es fällt in der Mitvergangenheit weg (sang) und taucht in der Vergangenheit (im Perfekt) in Verbindung mit einem „n“ wieder auf (gesungen):

Gegenwart

Mitvergangenheit
(starke Zeitwörter)

Vergangenheit

Bei den „schwachen“ Zeitwörtern sind die Veränderungen auf den Schwanz beschränkt:

In der nun folgenden Darstellung bezeichnen 

die erwähnten Stammformen des Zeitwortes. So ergibt sich als Symbol für

die starken Zeitwörter: **die schwachen Zeitwörter:**

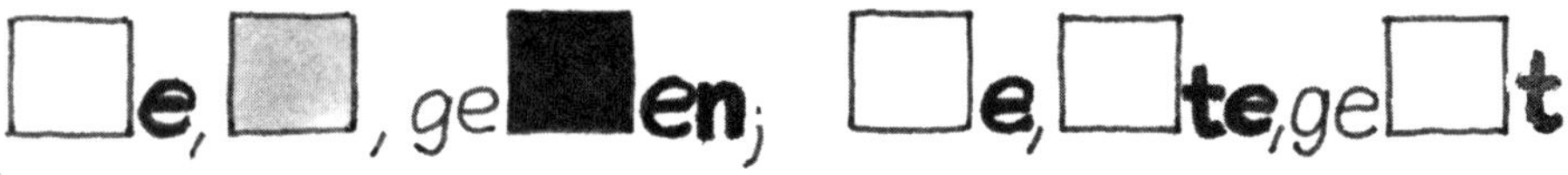

Beispiele:

s**i**ng**e**,	s**a**ng,	ges**u**ng**en**;	m**ale**,	m**alte**,	gem**alt**
spr**i**ng**e**,	spr**a**ng,	gespr**u**ng**en**;	dr**ohe**,	dr**ohte**,	gedr**oht**
spr**e**ch**e**,	spr**a**ch,	gespr**o**ch**en**;	s**uche**,	s**uchte**,	ges**ucht**
w**e**rf**e**,	w**a**rf,	gew**o**rf**en**;	l**ache**,	l**achte**,	gel**acht**

Bei den bisher angeführten starken Zeitwörtern weist jede der drei Stammformen einen anderen Stammselbstlaut auf. Das ist jedoch nicht bei allen starken Zeitwörtern so. Bei manchen stimmt nämlich der Stammselbstlaut der dritten Form entweder mit dem der ersten oder der zweiten Form überein. Einige Beispiele:

Übereinstimmung des Stammselbstlautes der dritten Form mit dem der zweiten: mit dem der ersten:

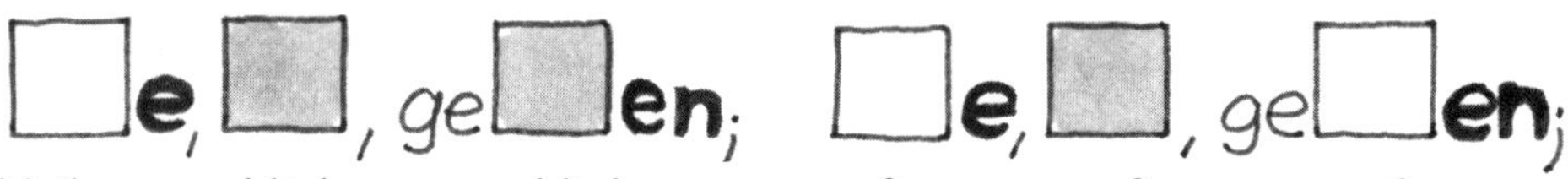

bl**ei**b**e**,	bl**ie**b,	gebl**ie**b**en**;	f**a**ng**e**,	f**i**ng,	gef**a**ng**en**
b**ie**g**e**,	b**o**g,	geb**o**g**en**;	tr**a**g**e**,	tr**u**g,	getr**a**g**en**
l**ü**g**e**,	l**o**g,	gel**o**g**en**;	g**e**b**e**,	g**a**b,	geg**e**b**en**

Es gibt aber außerdem Zeitwörter, die eine **Mischung** der „starken“ und der „schwachen“ Formen aufweisen und deshalb weder der einen noch der anderen Gruppe zugeordnet werden können. Man bezeichnet sie als **unregelmäßige** Zeitwörter.

Hier sehen wir das Schema solcher Zeitwörter und dazu einige Beispiele:

brenn**e**,	br**a**nn**te**,	gebr**a**nn**t**
kenn**e**,	k**a**nn**te**,	gek**a**nn**t**
renn**e**,	r**a**nn**te**,	ger**a**nn**t**
denk**e**,	d**a**ch**te**,	ged**a**ch**t**

Sie weisen den Ablaut auf (ein Zeichen der starken Beugung) und dazu die Endung „-te" (ein Merkmal der schwachen Konjugation).
Die Entsprechungen in unserem „Tiergarten" sehen in diesen Fällen so aus:

(unregelmäßige Zeitwörter)

3. Zielende (bezügliche, transitive) und nichtzielende (unbezügliche, intransitive) Zeitwörter

Die zielenden Zeitwörter bedürfen einer Ergänzung (eines Objekts) im vierten Fall. Auf dieses Objekt zielen sie wie ein Jäger, der einen Hasen schießen will.

Subjekt	**Prädikat**	**Objekt, 4. Fall**
Der Jäger	schießt	**einen Hasen.**
Der Hund	verfolgt	**eine Katze.**
Das Mädchen	fängt	**einen Schmetterling.**

Die nichtzielenden (unbezüglichen, intransitiven) Zeitwörter bedürfen keiner solchen Ergänzung:

	Subjekt	**Prädikat**
	Die Sonne	scheint.
	Der Fisch	schwimmt.
	Der Vogel	fliegt.
	Der Hahn	kräht.
	Das Haus	brennt.

Manche Zeitwörter können zielend und nichtzielend gebraucht werden, also in dem einen Fall mit und im anderen ohne Objekt im vierten Fall. Wir sehen hier einige Zeitwörter dieser Art zuerst in nichtzielendem und dann in zielendem Gebrauch.

Subjekt	Prädikat	Objekt, 4. Fall
	nichtzielend:	
Der Kuckuck	ruft.	

	zielend:	
Die Mutter	ruft	**das Kind.**

	nichtzielend:	
Die Amsel	singt.	

	zielend:	
Die Kinder	singen	**ein Lied.**

	nichtzielend:	
Der Maler	malt.	

	zielend:	
Der Maler	malt	**einen Blumenstrauß.**

4. Die Zeitenfamilie

Im Mittelpunkt unserer Familie der Zeiten steht, als junge Mutter sozusagen, die Gegenwart, auch Präsens genannt. Sie drückt die zur Zeit des Sprechens oder Schreibens stattfindenden Geschehnisse und Handlungen wie auch die gerade herrschenden Zustände aus:

Die Sonne **scheint,** die Vögel **singen,**
der Himmel **ist blau.**

Ein Kind der Gegenwart, und zwar ihr jüngstes, ist die Zukunft (das Futur[um]). Diese Zeitform dient dem Ausdruck dessen, was erst geschehen **wird**:

Es **wird regnen, donnern** und **blitzen**.
Der Himmel **wird** mit Wolken **bedeckt sein**.
(Leideform:) Wiesen und Felder **werden überschwemmt werden**.

Zum Ausdruck zukünftigen Geschehens gibt es als zweite Zeitform eine Schwester der Zukunft, die Vorzukunft. Sie hat, zeitlich gesehen, ihren Platz zwischen der Gegenwart und der Zukunft und drückt aus, was **vor** einem anderen, ebenfalls zukünftigen Ereignis geschehen wird. Man bezeichnet sie auch als Futur II und unterscheidet sie so von der „einfachen“ Zukunft, dem Futur I.

Hier ein Beispiel für die Verwendung dieser beiden Formen des Futurs in der Tat- und in der Leideform:

Tatform: Herr Müller **wird** um 17 Uhr nach Hause **kommen**. (Futur I.) Zu dieser Zeit **wird** Frau Müller das Abendessen schon **zubereitet haben**. (Futur II.)
Leideform: Das Abendessen **wird zubereitet werden**. (Futur I.)
Um 17 Uhr **wird** das Essen schon **zubereitet worden sein**. (Futur II.)

Da sich das, was die Vorzukunft ausdrückt, schon früher ereignet als das in der „einfachen“ Zukunft Ausgesagte, stellt unsere Zeichnung das Futur II als die ältere der beiden Schwestern dar.

Nun wenden wir den Blick von der Gegenwart aus in die entgegengesetzte Richtung, also zurück. Auch die „Mutter“ (Gegenwart) hat eine Mutter, und das ist die Vergangenheit (das Perfekt, auch zweite Vergangenheit genannt). Diese Zeitform erweist sich bei näherer Betrachtung als eine Großmutter der beiden Schwestern Zukunft und Vorzukunft.

Die zweite Großmutter dieser Kinder heißt Mitvergangenheit, Präteritum, Imperfekt oder auch erste Vergangenheit.
Beide „Großmütter" erzählen, was sich schon **vor** der Gegenwart zugetragen hat. Dabei erweist sich die Vergangenheit als Mutter der Gegenwart und die Mitvergangenheit als deren Stiefmutter.

Im Perfekt heißt es: Die Mutter **hat** das Abendessen **zubereitet**. Der Vater **ist** nach Hause **gekommen**.
Leideform: Das Abendessen **ist zubereitet worden.**
Und im Imperfekt: Die Mutter **bereitete** das Abendessen **zu**. Der Vater **kam** nach Hause.
Leideform: Das Abendessen **wurde zubereitet**.
Genaueres über den Unterschied zwischen der Bedeutung dieser beiden Ausdrucksweisen enthält der Abschnitt „Mitvergangenheit – Vergangenheit" (Seite 54).

Noch weiter zurück in vergangenes Geschehen und in nicht mehr bestehende Zustände läßt uns die Vorvergangenheit (das Plusquamperfekt) blicken. Sie ist die Mutter der Mitvergangenheit, Stiefmutter der Vergangenheit (diese beiden vertragen sich miteinander nur selten), Großmutter der Gegenwart und Urgroßmutter der beiden Schwestern Zukunft und Vorzukunft. Ihre Ausdrucksform klingt ein bißchen umständlich und schwerfällig, wie es eben zu einer so alten Dame paßt:

Frau Müller **hatte** das Abendessen **zubereitet**. Herr Müller **war** nach Hause **gekommen**.
Leideform: Das Abendessen **war . . . zubereitet worden**.
Der richtigen Verwendung dieser Zeitform ist ein eigener Abschnitt unter der Überschrift „Vorvergangenheit" (Seite 56) gewidmet.

In der Zeitenfamilie herrschen nicht immer Friede und Eintracht. Die Verträglichkeit einiger Paare ist allerdings unerschütterlich und mustergültig. Dazu gehören einerseits Vergangenheit (Perfekt) und Gegenwart (Präsens), andrerseits Vorvergangenheit (Plusquamperfekt) und Mitvergangenheit (Präteritum). Dazu je ein Beispiel:

Jetzt, nachdem ich eine Weile **geschlafen habe, fühle** ich mich ausgeruht.

Nachdem ich eine Weile **geschlafen hatte, fühlte** ich mich ausgeruht.

Recht gut vertragen sich, wie schon erwähnt, auch Zukunft und Vorzukunft:

Herr Moser **wird** heute erst nach 20 Uhr nach Hause **kommen.**
Da **werden** seine Kinder schon zu Bett **gegangen sein**.

Werden aber die beiden Hauptsätze in einem Satzgefüge (Hauptsatz – Nebensatz) zusammengefaßt, dann will die Vorzukunft nicht mit der Zukunft, sondern mit der Gegenwart (in Zukunftsbedeutung) verbunden werden. Die „Mutter" muß also in einem solchen Fall das jüngere der beiden „Kinder" vertreten:

Wenn Herr Moser heute erst nach 20 Uhr nach Hause **kommt, werden** seine Kinder schon zu Bett **gegangen sein**.

Daß sich die Vorvergangenheit mit der Mitvergangenheit (dem Präteritum) ausgezeichnet verträgt, haben wir bereits gesehen. Im übrigen gilt aber die Vorvergangenheit als die Zeitform mit der geringsten Verträglichkeit.

Sie wird leider – obwohl sie ihrem Wesen nach zur Zukunft überhaupt nicht paßt – von manchen Schreibern und Sprechern immer wieder gewaltsam mit ihr zusammengespannt. Daß sie sich dagegen wehrt, sollte man gar nicht so sehr verwunderlich finden. (Empfunden wird dieses Sich-zur-Wehr-Setzen ohnehin nur von Menschen mit feinem Sprachgefühl.) Hier einige leider nicht er-, sondern gefundene Beispiele:

„Man **soll** Schnitzler so **spielen,** wie er **geschrieben worden war**." (Ausspruch eines Theaterdirektors.) – „Mit Rippenbrüchen **liegt** ein deutscher Sommergast im Villacher Krankenhaus. Ein Landsmann **hatte** ihn mit seinen Fäusten so **zugerichtet**." – „Der verdächtigte Student **hat** große Ähnlichkeit mit dem Phantombild eines Mannes, der vergangenen Freitag ein Grazer Postamt **überfallen hatte**."

Richtig wäre in allen diesen Fällen statt der Vorvergangenheit die Vergangenheit. Also: „. . ., wie er **geschrieben worden ist**." „Ein Landsmann **hat** ihn . . . so **zugerichtet**." „. . . eines Mannes, der . . . ein Grazer Postamt **überfallen hat**."

Noch leichter einzusehen ist, daß sich die Vorvergangenheit nicht mit der Zukunft verträgt. Trotzdem versuchen manche Sprecher und Schreiber gar nicht selten gewaltsame Verbindungen auch solcher Art. Dazu zwei im Druck erschienene Beispiele:

„Er (der Ehemann einer Schauspielerin) **wird** nun die Scheidung **einreichen**, nachdem die beiden schon einige Wochen getrennt **gelebt hatten**." – „Die Vertreter der USA **werden** heute auf die Anschuldigungen des . . . Delegierten **antworten**, der die amerikanische Vietnampolitik scharf **verurteilt hatte**."

Richtig wäre auch in diesen Beispielen statt der Vorvergangenheit die Vergangenheit, also:
„. . ., nachdem die beiden schon einige Wochen getrennt gelebt **haben**." – „. . ., der die amerikanische Vietnampolitik scharf verurteilt **hat**."
Der Zorn der Vorvergangenheit trifft natürlich in allen solchen Fällen den

Unschuldigen; denn weder das Präsens (die Gegenwart) noch das Futur (die Zukunft) ist an der sinnwidrigen Verbindung schuld. Die Verantwortlichen sitzen nämlich an Schreibtischen oder stehen an Rednerpulten, wenn nicht sogar vor Mikrophonen, ohne sich des Unheils, das sie anrichten, auch nur im geringsten bewußt zu sein.

Wer da trotzdem auf gerechte Bestrafung der Schuldigen hofft, hat wohl sehr viel Phantasie, wie ja auch die Darstellung hier ihren Ursprung nur in einer völlig wirklichkeitsfremden Wunschvorstellung haben kann.

5. Mitvergangenheit (Präteritum) – Vergangenheit (Perfekt)

(Zwei Zeitformen völlig verschiedener Art)

Die **Mitvergangenheit,** auch erste Vergangenheit, Präteritum oder Imperfekt genannt, läßt ein Geschehen, von dem uns erzählt wird, vor uns ablaufen, als trüge es sich im Augenblick des Erzählens (Hörens oder Lesens) zu, drückt aber dabei keinerlei Zusammenhang mit der Gegenwart aus.
Die **Vergangenheit** (zweite Vergangenheit, das Perfekt) weist auf die bis in die Gegenwart reichenden Folgen oder Auswirkungen eines bereits der Vergangenheit angehörenden Geschehens hin. Da sie somit oft einen in der Gegenwart noch bestehenden Zustand ausdrückt, wird sie manchmal auch als „Vorgegenwart“ bezeichnet.
Die nun folgenden Zeichnungen lassen den allgemein leider viel zuwenig beachteten Unterschied zwischen diesen beiden Zeitformen deutlich erkennen.

Mitvergangenheit:

Peter **stieg** auf den Sessel.

Vergangenheit:

Er **ist** auf den Sessel **gestiegen.**

Er **baute** einen Schneemann.

Er **hat** einen Schneemann **gebaut.**

Er **hängte** ein Bild an die Wand.

Er **hat** ein Bild an die Wand **gehängt.**

Die Schlange **fraß** eine Maus.

Die Schlange **hat** eine Maus **gefressen.**

Es **schneite.**

Es **hat geschneit.**

Das Haus **brannte ab**.

Das Haus **ist abgebrannt**.

Zwei der schon angeführten Beispiele nun in der Leideform:

Ein Schneemann **wurde gebaut**.

Ein Schneemann **ist gebaut worden.**

Ein Bild **wurde** an die Wand **gehängt**.

Ein Bild **ist** an die Wand **gehängt worden.**

6. Die Vorvergangenheit

(Die dritte Vergangenheit, das Plusquamperfekt)

Die Vorvergangenheit wird verwendet, wenn von zwei bereits der Vergangenheit angehörenden Handlungen die Rede ist, von denen eine in der Vergangenheit weiter zurückliegt als die andere. Dabei wird das der Gegenwart näherliegende Geschehen in der Mitvergangenheit und die weiter zurückliegende Handlung in der Vorvergangenheit ausgedrückt. Der in der Vorvergangenheit stehende Satz wird oft mit NACHDEM eingeleitet.

Um 15 Uhr **goß** Frau M die Blumen.

Nachdem sie die Blumen **gegossen hatte, schrieb** sie einen Brief.

Nachdem sie den Brief **geschrieben hatte, trug** sie ihn zur Post.

Nachdem sie den Brief zur Post **getragen hatte, ging** sie zurück nach Hause.

Es ist auch möglich, das der Gegenwart näherliegende Geschehen voranzustellen und die weiter zurückliegende Handlung erst nachher zu nennen. Dazu ebenfalls ein Beispiel:

Herr X kam vom Büro nach Hause.

Frau X richtete das Abendessen an.

Fassen wir die beiden Sätze in dieser Reihenfolge in einem Satzgefüge zusammen, dann wird daraus:
Als Herr X **heimkam, hatte** seine Frau das Abendessen bereits **angerichtet**.
Nun dazu ein Beispiel in der Leideform:

Um 18 Uhr **wurden** die Kerzen **angezündet**.

Nachdem die Kerzen **angezündet worden waren, wurden** Weihnachtslieder **gesungen**.

Stellen wir das der Gegenwart näherliegende Geschehen an den Anfang, dann wird daraus:
Als die Weihnachtslieder **gesungen wurden, waren** die Kerzen bereits **angezündet worden**.

7. „Nachdem“ und die Zeiten

Das Bindewort NACHDEM hat unter den Zeitformen nur zwei Freundinnen: die Vorvergangenheit (das Plusquamperfekt) und die Vergangenheit (das Perfekt). Wenn NACHDEM „unterwegs“ ist, merkt jeder Mensch, der Sprachgefühl hat, daß sich dieses Bindewort nur in Begleitung einer der zwei genannten Zeitformen wohl fühlt.

Beispiele:

NACHDEM mit der Vorvergangenheit:

Nachdem Kurt in die Schule **gegangen war,** ...
Nachdem er seine Hausaufgaben **geschrieben hatte,** ...

NACHDEM mit der Vergangenheit:

Jetzt, nachdem er seine Hausaufgaben **geschrieben hat,** ..
Nun, nachdem er Klassenbester **geworden ist,** ...

Unglücklich ist das Bindewort NACHDEM, wenn es von sprachgefühllosen Menschen gezwungen wird, mit der Mitvergangenheit (dem Präteritum) oder mit der Gegenwart (dem Präsens) „auszugehen“:

Schlecht ist demnach:

Nachdem Kurt in die Schule **ging,** ...

Nachdem er seine Hausaufgaben **schrieb,** ...

Nachdem Kurt leider hohes Fieber **hat,** ...

Nachdem er leider noch immer krank **ist,** ...

Zu NACHDEM passen also am besten *Vergangenheit* und *Vorvergangenheit.* Diese beiden haben aber als liebste Freundinnen einerseits die *Mitvergangenheit* und andrerseits die *Gegenwart,* also gerade die zur Verbindung mit NACHDEM am wenigsten geeigneten Zeiten. In den zwei nun folgenden – durchaus richtigen – Beispielen sehen wir die *Vorvergangenheit* und die *Vergangenheit* in Vermittlerrollen zwischen NACHDEM und den dazu nicht passenden Zeiten:

Nachdem Kurt in die Schule **gegangen war, ging** seine Mutter **einkaufen**.
Nachdem er seine Hausaufgaben **geschrieben hatte, besuchte** er seinen Freund.

Jetzt, nachdem Kurt seine Hausaufgaben **geschrieben hat, kann** er seinen Freund **besuchen**.
Nun, nachdem er Klassenbester **geworden ist, geht** er noch lieber in die Schule als vorher.

V. Wortbedeutung

1. Bildliche Ausdrucksweise
(Metapher)

Wir sagen und schreiben oft seltsame Dinge, ohne uns dessen bewußt zu sein, weil wir uns daran schon gewöhnt haben. Eigenartig ist dabei, daß wir zur Bezeichnung von Lebewesen, Dingen, Tätigkeiten und Eigenschaften Wörter in einer anderen als ihrer eigentlichen, ursprünglichen Bedeutung gebrauchen. Solche „bildliche“ Ausdrucksweisen entstanden – und entstehen auch heute noch – durch Vergleiche, bei denen sich zwischen den Vergleichsobjekten irgendeine äußere oder innere Ähnlichkeit zeigte oder zeigt. Im folgenden sehen wir dazu einige Beispiele:

Was alles einen Kopf hat

der Mensch

der Hund
und andere Tiere

der Pilz

das Kraut, auch der Kohl und der Salat

der Mohn

die Pfeife

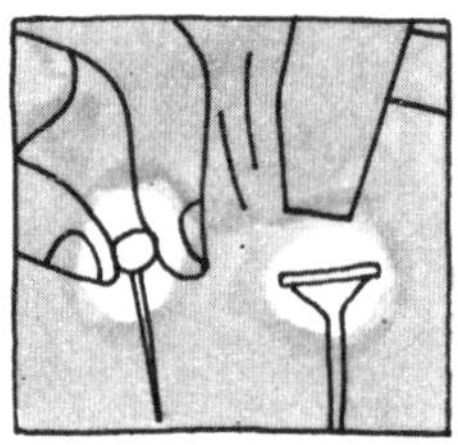
die Stecknadel
und der Nagel

die Note

Was alles Flügel hat

der Vogel

der Schmetterling

die Tür

die Windmühle

die Nase

das Fenster

das Flugzeug

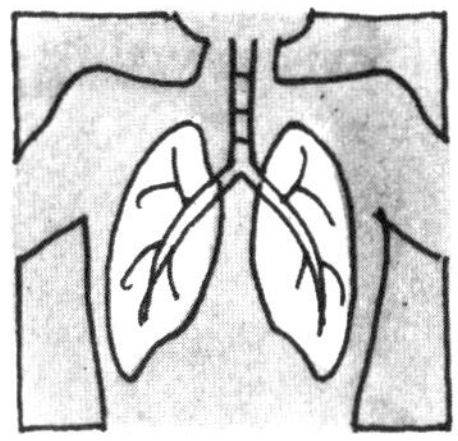

die Lunge

Was alles einen Rücken hat

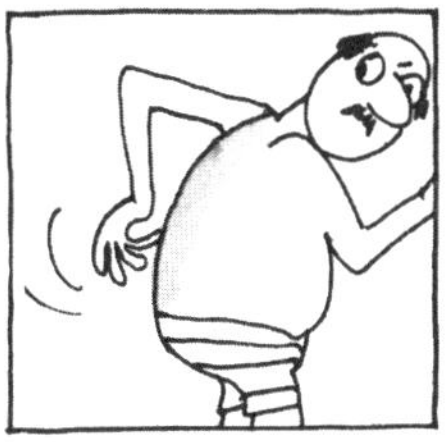

der Mensch

der Hund
und andere Tiere

das Buch

das Messer

der Berg

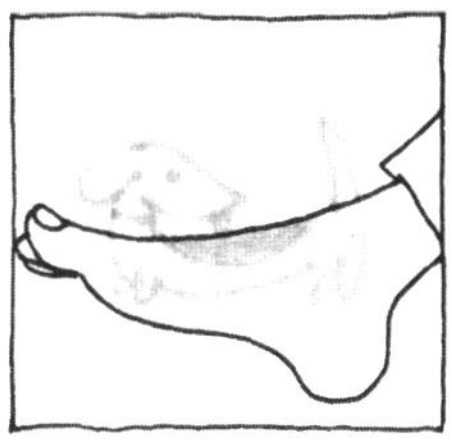

der Fuß

die Nase

Was alles ausgehen kann

Die Familie geht aus.

Das Licht ist ausgegangen.

Das Feuer ist ausgegangen.

Die Luft ist ausgegangen.

Der Hausfrau ist das Mehl ausgegangen.

Ihm gehen die Haare aus.

Was alles fährt

Das Auto fährt.

Der Blitz fährt aus den Wolken.

Er fährt erschrocken aus dem Bett.

Er fährt sich mit dem Kamm durchs Haar.

„Fahr ab!“ sagt die Mutter.

Ihm fährt ein Gedanke durch den Kopf.

Andere bildliche Ausdrücke

Der Drachen steigt.

Die Briefe gehen um sechs Uhr weg.

Er hat schon den Siebziger auf dem Rücken.

Er stellt alle anderen in den Schatten.

Die Wunde brennt.

Auf ihn ist das große Los gefallen.

Er steckt bis über den Kopf in Schulden.

Dem Lehrer springen die Fehler in die Augen.

2. Einige Vor- und Nachsilben und ihre Bedeutung

Die Vorsilbe „be-"

Diese Vorsilbe ist mit BEI verwandt und drückt als erster Bestandteil eines Zeitwortes aus, daß eine Tätigkeit (eine Handlung, ein Geschehen) auf ein bestimmtes Ziel gerichtet ist:

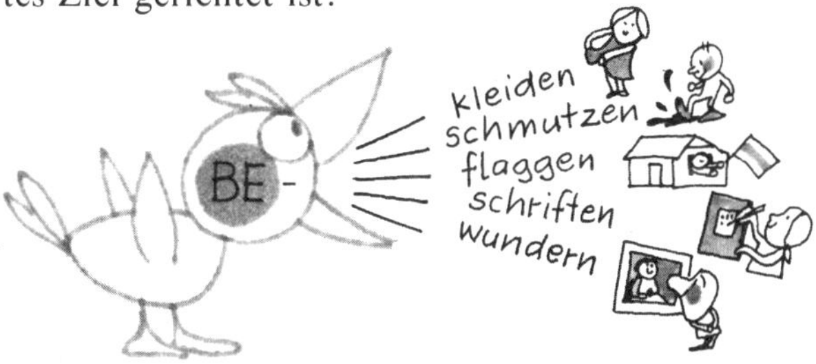

Das Zimmer ist hell **be**leuchtet.

Die Pflanze wird **be**sprüht.

Das Buch ist **be**bildert.

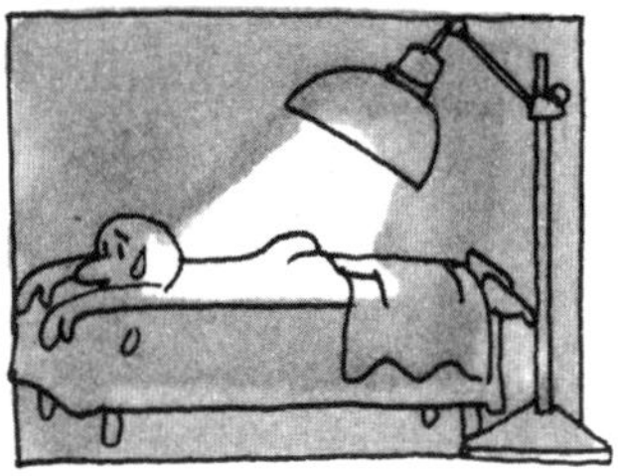

Der Kranke wird **be**strahlt.

Kinder haben die Wand **be**kritzelt.

Der Himmel ist **be**wölkt.

Es gibt noch viele andere Zeitwörter, in denen die Vorsilbe „be-“ eine ähnliche Bedeutung hat. Hier nur einige Beispiele:
bedrohen, begrüßen, behindern, bejubeln, besprechen, betreten, beurteilen, bewässern, bezweifeln.

Diese Zeichnung zeigt uns einen seltsamen Vogel, der auch seltsame Eier legt, um damit möglichst viele Wörter zu schmücken. Er „be**be**t“ sie, er ist ein „Be**be**er“. Er ist nicht der einzige Vogel dieser Art, und wo ein solcher am Werk ist, lesen wir von **„beampelten“** Straßenkreuzungen, von **„bekinderten“** Ehepaaren, von **„beführerscheinten“** Autofahrern, von reichlich **„betrinkgeldeten“** Kellnern, von Frauen, die ihre Familien **„bekochen“**, von Männern, die gern hübsche Mädchen **„betanzen“**, usw. usf. Wir leben eben in einer **„bebeten“** Welt.

Die Vorsilbe „Ge-“

Die Vorsilbe „Ge-“ spielt unter den vielen Vorsilben, mit denen Hauptwörter gebildet werden, oft die Rolle einer Sammlerin. Sie drückt in dieser Eigenschaft die Vereinigung mehrerer Einzeldinge zu einem Ganzen aus:

Die Vorsilbe „ver-“

Diese Vorsilbe kommt in mehreren Bedeutungen vor. In den folgenden Beispielen drückt sie etwas Schlechtes, Unangenehmes oder Unrichtiges aus:

Er hat gut gerechnet.

Sie hat sich **ver**rechnet.

Sie tippt einen Brief.

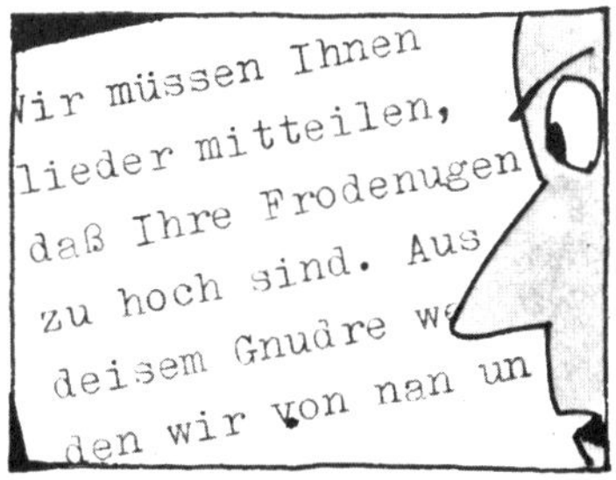

Sie hat sich **ver**tippt.

Die Wäsche ist gewaschen worden.

Der Regen hat die Inschrift **ver**waschen.

Das Rutschen auf der Rutschbahn ist lustig.

Die Krawatte ist **ver**rutscht.

Das Rad der Mühle dreht sich.

Die Beine der Puppe sind **ver**dreht.

Er hat bis sechs Uhr geschlafen.

Er **ver**schläft sich.

Die Suppe wird gesalzen.

Die Suppe ist **ver**salzen.

Die Vorsilbe „zer-“

Diese Vorsilbe drückt meist eine Trennung oder Zerkleinerung aus, wobei aus einem Ganzen mehrere (viele, oft sehr kleine) Teile werden:

Der Stab ist gebrochen.

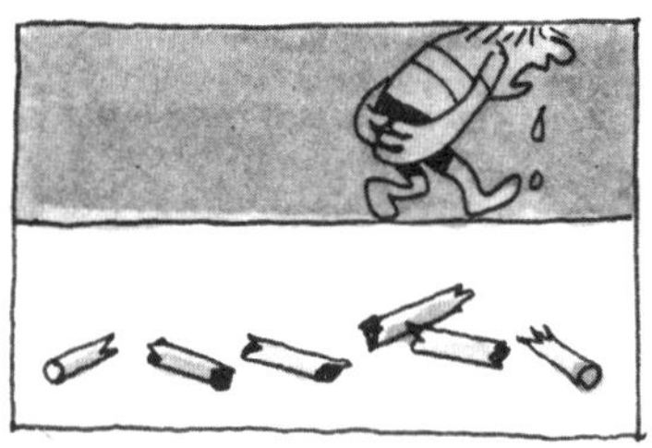

Er ist **zer**brochen.

Das Pferd wird geschlagen.

Das Porzellanpferd ist **zer**schlagen.

Die Puppe ist auf den Boden gefallen.

Der Schneemann ist **zer**fallen.

Die Nachsilbe „-ig"

Nach dreistündi**g**er Fahrt gelangt man von A-Dorf nach B-Dorf.

Dreistünd**ig** = drei Stunden lang.
Die Silbe „-ig" drückt also **Dauer** aus: Ein vierwöch**ig**er Urlaub dauert vier Wochen. Eine zweistünd**ig**e Sendung hat eine Dauer von zwei Stunden. Ein Auslandsaufenthalt vom ersten Mai bis zum dreißigsten Juni ist ein zweimonat**ig**er Auslandsaufenthalt.

Die Nachsilbe „-lich"

Der Arzt hat diesem Patienten dreistünd**lich**e Einnahme eines Medikaments verordnet. Der Patient soll also das Medikament **alle drei** Stunden einnehmen.

Eine vierzehntäg**lich**e Rundfunksendung findet **alle vierzehn Tage** statt. Manche Zeitschriften erscheinen wöchent**lich,** andere monat**lich.** Die Silbe „-lich“ drückt demnach **Wiederholung** aus.

3. Wörter und Wortformen, die oft verwechselt werden

a) **„als“ und „wie“**

Für die Entscheidung darüber, ob bei einem Vergleich „als“ oder „wie“ zu verwenden ist, gibt es zwei Grundregeln:

- Mit der GRUNDSTUFE, also der ungesteigerten Form des Eigenschafts- oder Umstandswortes (man nennt diese Stufe auch den Positiv), ist WIE zu verbinden, mit der Mehrstufe (dem Komparativ) wird ALS verbunden.
- WIE drückt GLEICHheit aus, ALS ist bei UNgleichheit zu verwenden.

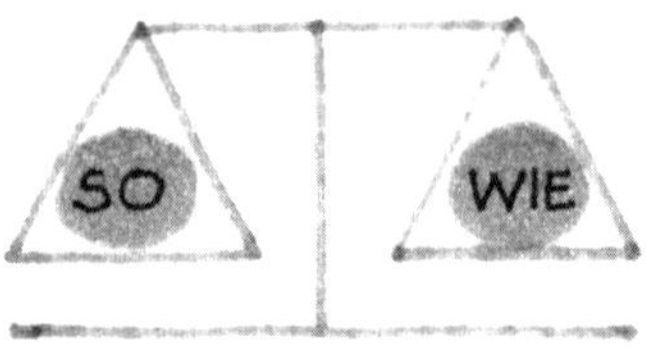

Gleichheit

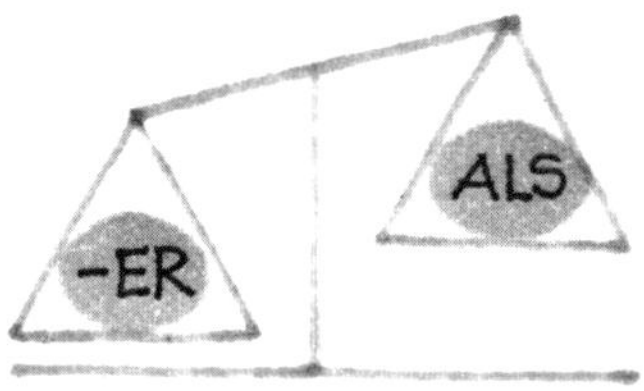

Ungleichheit

Beispiele:

Herr X ist SO alt WIE Herr Y.

Der Baum ist SO hoch WIE das Haus.

Der Drachen fliegt SO hoch WIE der Vogel.

Herr X ist ält**er** ALS Frau X.

Das Pferd ist größ**er** ALS der Hund.

Kurt läuft schnell**er** ALS Karl.

Einige besondere Fälle:

● Das Wort ANDERS drückt immer UNgleichheit aus und ist darum stets mit ALS zu verbinden. Beispiel:

Die Gitarre klingt anders ALS die Mandoline.

● Wenn UNgleichheit durch Verwendung der GRUNDstufe (also der UNgesteigerten Form) in Verbindung mit NICHT ausgedrückt wird, ist – trotz der UNgleichheit – das Vergleichswort WIE zu verwenden:

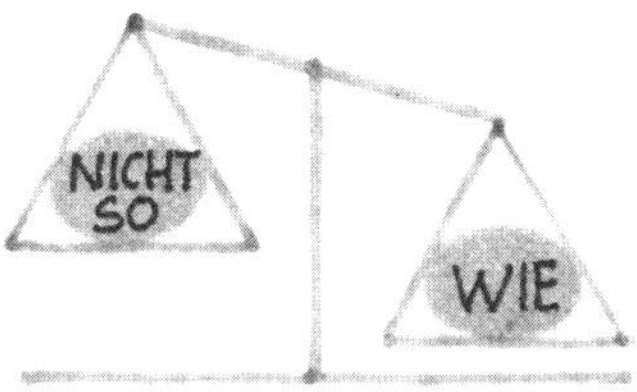

UNgleichheit, mit NICHT ausgedrückt.

Der Baum ist NICHT SO hoch WIE das Haus.

Herr B ist NICHT SO alt WIE Herr A.

Der Drachen fliegt NICHT SO hoch WIE der Vogel.

● Nach SOWOHL gilt WIE ebenso als richtig wie ALS:

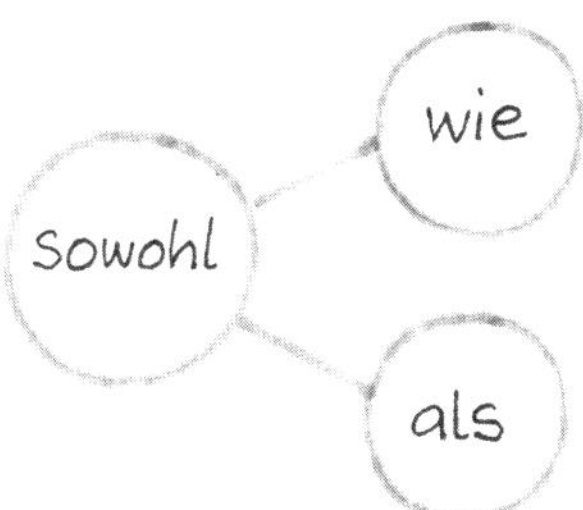

Frau Bauer hat SOWOHL einen Hund WIE auch eine Katze.
Herr Moser hat SOWOHL einen Sohn ALS auch eine Tochter.

Schon lange vor unserer Zeit begann ein auch jetzt noch nicht ganz beendeter
Krieg in der Wörterwelt

Goethe hat noch geschrieben: „Da steh' ich nun, ich armer Tor, und bin so klug ALS WIE zuvor." Muß nun nicht, wenn sich der Dichter des „Faust" so ausdrükken durfte, dieses ALS WIE auch uns erlaubt sein?

Nein, keineswegs. Ein kurzer Blick in die Vergangenheit unserer Sprache läßt uns den Grund dafür leicht erkennen:

In früheren Zeiten wurden als Vergleichswörter ALS und DENN verwendet: ALS bei Gleichheit (also anders als heute!) und DENN bei Ungleichheit. (Wir sagen darum manchmal auch jetzt noch „SO gut ALS möglich" statt „so gut WIE möglich" und „besser DENN je" statt „besser ALS je zuvor".)

(Gleichheit) (Ungleichheit)

Die Vergleichswörter ALS und DENN lebten lange Zeit in brüderlicher Eintracht, bis einer kam und ihren Frieden störte.

Dieser Störer war das Wörtchen WIE. Es wollte ebenfalls Vergleichswort werden und verdrängte deshalb das Wort DENN von dessen Platz.

So standen nun ALS und WIE nebeneinander: ALS für GLEICHheit, WIE für UNgleichheit.

Sprächen wir jetzt so, wie es damals üblich war, dann müßten wir sagen: „Du bist SO groß ALS ich, aber Peter ist kleinER WIE ich."

Zu einer Freundschaft in Glück und Frieden kam es zwischen ALS und WIE damals nicht. Der Neuling WIE wollte nämlich nicht immer UNgleichheit, sondern lieber GLEICHheit ausdrücken und versuchte deshalb, das Wörtchen ALS von dessen Posten abzudrängen.

Da sich ALS dagegen heftig zur Wehr setzte, kam es zwischen den beiden zu einem lange andauernden Streit.

Die Folge davon war, daß die Menschen immer mehr verwirrt wurden und schließlich überhaupt nicht mehr wußten, wann sie ALS und wann sie WIE ver-

wenden sollten. Manche gebrauchten beide Vergleichswörter zugleich, und in dieser Zeit der Verwirrung schrieb eben Goethe: „. . . , und bin so klug ALS WIE zuvor."
In der Zwischenzeit hat sich aber doch Ruhe und Ordnung eingestellt, und die Verbindung von ALS mit WIE ist heute nur noch in der Mundart erlaubt. („Der Mond schaut aus ALS WIA a Kipfel. Die Sunn is größer ALS WIA der Mond.")
In der Hochsprache (Schriftsprache) hat WIE sein Ziel erreicht. Ein Rollentausch hat dazu geführt, daß heute WIE bei GLEICHheit und ALS bei UNgleichheit verwendet wird.
Von echter Freundschaft zwischen den beiden kann allerdings auch jetzt noch nicht die Rede sein. Wo WIE steht, hat ALS nichts zu suchen, und umgekehrt ist es genauso. Auch Zweifelsfälle gibt es immer noch.

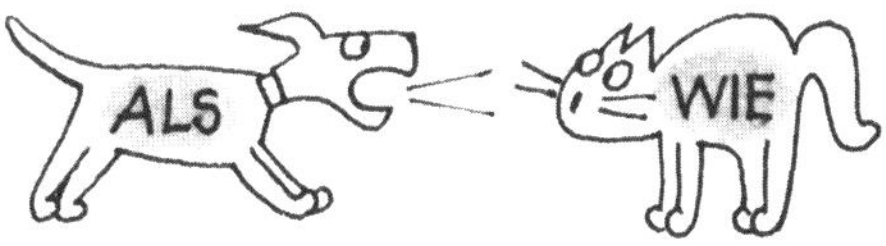

b) am – auf dem

Kaum ein anderes Wort wird so oft mißbraucht wie das Vorwort AM. Hier sehen wir, wie dieses Wörtchen entstanden ist: aus dem ersten Buchstaben von AN und dem letzten von DEM. In der Mundart und in der Umgangssprache wird AM als Kurzform von „AUF dem" gebraucht. Seine Bedeutung entspricht aber der von „AN dem". In der Schriftsprache (Hochsprache) sollte man den Unterschied zwischen AUF DEM und AM genau beachten, weil sonst Mißverständnisse entstehen können. Die folgenden Beispiele zeigen den richtigen Gebrauch und sollen vor Verwechslungen warnen.

Die Vase steht **auf dem** Tisch.

Der Mann sitzt **am** Tisch, aber **auf dem** Sessel.

Die Vögel sitzen **auf dem** Dach.

Die Eiszapfen hängen **am** Dach.

Der Schmetterling sitzt **auf dem** Hut.

Die Blumen stecken **am** Hut.

Der Vogel sitzt **auf dem** Zaun.

Der Mann lehnt **am** Zaun.

Die Urlauber gehen **am** See spazieren.

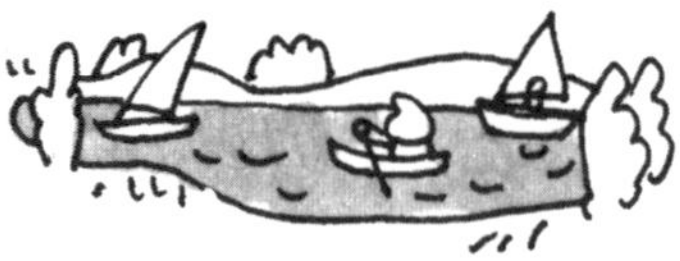

Auf dem See fahren Boote.

c) beide – die beiden

BEIDE und DIE BEIDEN werden oft miteinander verwechselt. Die folgenden Beispiele zeigen den richtigen Gebrauch:

Die beiden tragen verschiedene Hüte, aber **beide** haben einen Bart.

Die beiden spielen miteinander. **Beide** sind auch gute Turner.

Die beiden gehen zwar in verschiedene Schulen, aber für **beide** beginnt der Unterricht um acht Uhr.

Die beiden unterscheiden sich voneinander durch Farbe und Größe.
Beide gehören aber derselben Rasse an.

DIE BEIDEN kann durch DIE ZWEI ersetzt werden.
BEIDE bedeutet soviel wie ALLE ZWEI, also „nicht nur einer von ihnen".

d) derselbe Hut – der gleiche Hut

Herr X trägt an Sonntagen den**selben** Hut wie an Wochentagen.
(Er hat nur diesen einen Hut.)

Herr Y hat den **gleichen** Hut wie Herr Z.

e) Die ersten (letzten) zwei – die zwei ersten (letzten)

Paul und Paula sind in dieser Reihe die **ersten zwei,** Hans und Hilde sind die **letzten zwei.**

Kurt ist der **erste** in seiner, Karin die **erste** in ihrer Reihe. Kurt und Karin sind die **zwei ersten.**
Erich ist der **letzte** in seiner, Erna die **letzte** in ihrer Reihe. Erich und Erna sind die **zwei letzten.**

f) Dreimal so lang – dreimal länger

Der Ort A ist von dem Ort B zehn Kilometer entfernt, die Strecke von A-Dorf nach D-Dorf hat eine Länge von 30 Kilometern. Herr X vergleicht die beiden Strecken und sagt: „Der Weg von A-Dorf nach D-Dorf ist dreimal länger als der von A-Dorf nach B-Dorf." Hat der Mann recht?

Hier sehen wir die beiden Strecken:

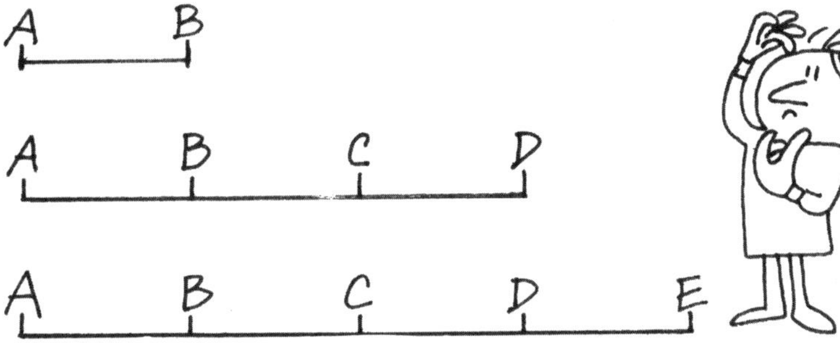

Die Strecke von A-Dorf nach D-Dorf ist, wie wir sehen, **dreimal so lang** wie die von A-Dorf nach B-Dorf.
Dreimal länger ist hingegen die Strecke von A-Dorf nach E-Dorf.

DREIMAL LÄNGER bedeutet nämlich soviel wie VIERMAL SO LANG. Herr X hat also nicht recht. Der Weg von A-Dorf nach D-Dorf ist zwar DREIMAL SO LANG wie, aber nur ZWEIMAL LÄNGER als der von A-Dorf nach B-Dorf.

Das Haus hier ist **dreimal so hoch** wie der Baum daneben. Anders ausgedrückt: Es ist **zweimal höher** als der Baum.

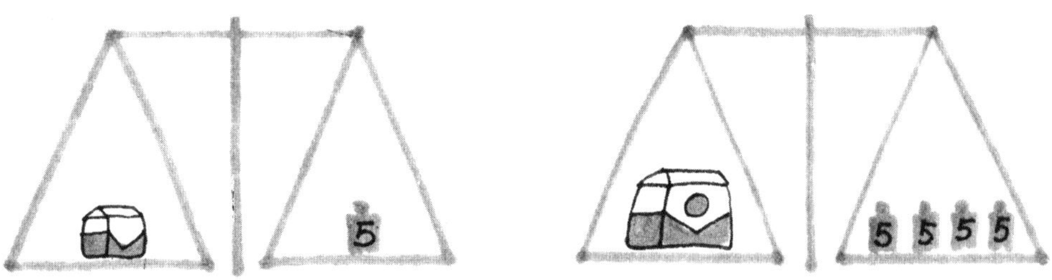

Das Päckchen auf der zweiten Waage ist VIERMAL SO SCHWER wie und DREIMAL SCHWERER als das Päckchen links.

g) erschreckt – erschrocken

Der Krampus er**schreckt** das Kind.
Er er**schreckt**e es.
Er hat es er**schreckt.**

Das Kind er**schrickt.**
Es er**schrak.**
Es ist er**schrocken.**

h) geschleift – geschliffen

Das Zeitwort SCHLEIFEN kann stark (schliff – geschliffen) oder schwach (schleifte – geschleift) abgewandelt werden. Die starken Formen sind üblich, wenn SCHLEIFEN soviel wie SCHÄRFEN oder – im Zusammenhang mit der Ausbildung von Rekruten – DRILLEN bedeutet. Die schwache Abwandlung ist richtig, wenn SCHLEIFEN im Sinne von AM BODEN DAHINZIEHEN oder DEM BODEN GLEICHMACHEN gebraucht wird. Zu welchen der folgenden Zeichnungen paßt also die Form GESCHLIFFEN, und zu welchen gehört GESCHLEIFT?

Hier sind auch schon die Antworten:

GESCHLIFFEN paßt zu den Nummern 1 (Messer), 2 (Schere), 4 (Sichel), 6 (Sense), 7 (Edelstein) und 9 (Soldaten).
GESCHLEIFT heißt es bei 3 (Sack), 5 (Reiter) und 8 (altes Haus).

i) gewohnt – gewöhnt

Der Unterschied zwischen diesen beiden Wörtern liegt weniger in ihrer Bedeutung als in ihrem Gebrauch. Die einfachste Regel für ihre Unterscheidung lautet: Man ist ETWAS gewOhnt, aber AN etwas gewÖhnt.

Beispiele:
Wir sind das rauhe Klima nicht gew**o**hnt.
Aber: Wir haben uns **an** das rauhe Klima gew**ö**hnt.
Ich bin gew**o**hnt, früh aufzustehen.
Aber: Ich habe mich **an** das frühe Aufstehen gew**ö**hnt.
Also: Ich bin gew**o**hnt, **gewohnt** und **gewöhnt** genau zu unterscheiden. Ich habe mich **an** das Unterscheiden von **gewohnt** und **gewöhnt** gew**ö**hnt. Ich habe es mir **an**gewöhnt.

j) herum – umher

HERUM wird meist in Verbindung mit UM gebraucht: UM etwas HERUM. UMHER heißt hingegen: einmal dahin, einmal dorthin, ohne bestimmtes Ziel.

Die Kinder tanzen **um** den Baum **herum.**

Sie laufen im Park **umher.**

Mit HERUM kann auch die Sinn- und Zwecklosigkeit einer Tätigkeit oder eines Verhaltens ausgedrückt werden:

Sie sitzen, stehen und liegen im Park **herum** und wissen mit sich nichts anzufangen.

k) Schilling(e) – Pfennig(e)

Zehn Schillin**g** (Pfenni**g**) sind etwas anderes als zehn Schilling**e** (Pfennig**e**). Die folgende Darstellung zeigt den Unterschied:

Wer diesen Unterschied kennt, kann die folgenden zwei Fragen mühelos beantworten:
Wie viele von den vier Kindern haben zehn Schillin**g**?
Wie viele von ihnen haben zehn Schilling**e**?
Die richtigen Antworten lauten:
Zehn Schillin**g** hat jedes dieser Kinder. (Die Mehrzahlform „Schillin**g**" gibt ebenso wie „Pfenni**g**" nur den **Wert** an.)
Zehn Schilling**e** hat nur Monika. Zehn Schilling**e** sind eben zehn Einschillingstücke. Sie haben zusammen einen Wert von zehn Schillin**g**. In Wertangaben (Angaben von Preisen) bleibt das Wort „Schilling" immer ungebeugt, also ohne Endung.

Zur Vertiefung noch ein Beispiel:

Herr X hat:

Herr Y hat:

Herr Z hat:

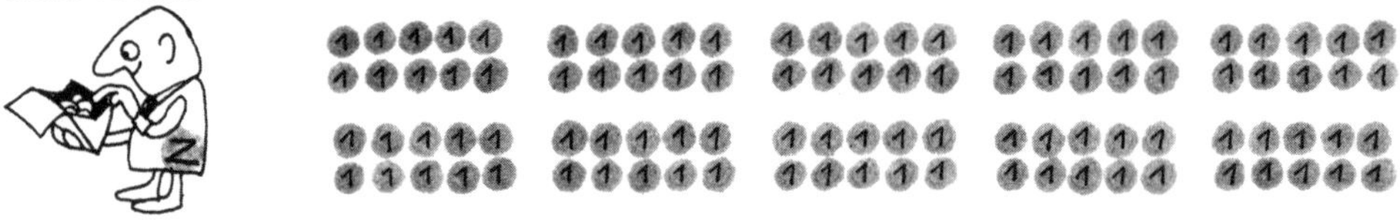

Ein Vergleich zeigt, daß jeder dieser drei Herren hundert Schilling hat. Trotzdem sind einige wichtige Unterschiede festzustellen:
Herr X hat „nur“ hundert Schilling, aber keine Schillinge.
Herr Y hat fünf von seinen hundert Schilling in der Form von Schillingen, den übrigen Betrag aber in Gestalt von Noten und Münzen zu fünfzig, zwanzig, zehn und fünf Schilling.
Herr Z hat hundert Schilling und **zugleich** auch hundert Schillinge. (Kaufen kann er sich dafür allerdings auch nicht mehr als die anderen Herren.)
Nun sollten wir die folgenden zwei Fragen schon leicht beantworten können:
Hat einer, der hundert Schillinge (Pfennige) besitzt, auch hundert Schilling (Pfennig)?
Die Antwort lautet: Ja; denn hundert Schillinge (also hundert Einschillingstücke) haben eben einen Wert von hundert Schilling, und hundert Pfennige sind hundert Pfennig wert.
Besitzt einer, der hundert Schilling sein eigen nennt, auch hundert Schillinge?
Antwort: Das ist möglich; er kann aber die hundert Schilling auch in anderer Form haben, wie wir es ja bei den Herren X und Y gesehen haben.

Zum Schluß eine besonders heikle Frage:
Wir sehen hier tausend Schilling. Unter welchen Umständen ist es richtig, im Zusammenhang mit diesem Schein von „tausend Schillingen“ zu sprechen?

Antwort: Wenn man davor ein Eigenschaftswort als Beifügung setzt und – zum Beispiel – sagt: „Ich werde die aus England bestellten Bücher in **österreichischen Schillingen** bezahlen.“
Wenn aber vor dem Eigenschaftswort ein Zahlwort steht, hat die Beugungsendung des Wortes **Schilling** wegzubleiben: „Ich habe für die Bücher aus England tausend österreichische Schilling gezahlt.“

l) schwer – schwierig

SCHWIERIG ist ein schwieriges Wort. Schon allein seine richtige Unterscheidung von SCHWER bereitet Schwierigkeiten. Während SCHWER ausdrückt, daß irgendeine Tätigkeit mit Mühe, Plage oder Anstrengung (meist körperlicher Art) verbunden ist, bezieht sich SCHWIERIG auf Tätigkeiten, deren Ausführung die Überwindung (meist seelischer oder geistiger) Hindernisse erfordert oder besondere Kenntnisse und Fähigkeiten voraussetzt.

Beispiele:
Die Arbeiten vieler Handwerker sind jetzt nicht mehr so **schwer,** wie sie in früheren Zeiten waren.
Der Sieg der österreichischen Mannschaft hat einen **schweren** Kampf gekostet.
Es gab ein **schwieriges** Rätsel zu lösen.
Die Verhandlungen erwiesen sich als sehr **schwierig.**
Besondere Vorsicht ist geboten, wenn mit einem dieser beiden Wörter die Nennform eines Zeitwortes (mit oder ohne ZU) verbunden werden soll.

SCHWER ist in solchen Fällen ohne weiteres zulässig. Richtig ist also:

Das Rätsel ist **schwer** zu lösen.

Das Rätsel läßt sich **schwer** lösen.

Ebenso:
Wie das Spiel ausgehen wird, ist **schwer zu sagen.**
Viele giftige Pilze sind von genießbaren **schwer zu unterscheiden.**
Der Ausgang des Spieles läßt sich **schwer vorhersagen.**
Der Unterschied zwischen **schwierig** und **schwer** läßt sich nur **schwer erklären.**

Der Gebrauch von SCHWIERIG wäre in keinem dieser Beispiele richtig. Also:

Ebenso unrichtig wäre:
Das Spielergebnis ist **schwierig vorherzusagen.**
Das Spielergebnis läßt sich **schwierig vorhersagen.**

Das Wort SCHWIERIG und die Nennform (mit oder ohne ZU) dürfen also nicht **unmittelbar** aufeinanderfolgen. Zulässig ist jedoch der Gebrauch von SCHWIERIG, wenn zwischen SCHWIERIG und der Nennform eine Ergänzung im vierten Fall steht. Also:

Es ist **schwierig,** dieses Rätsel **zu lösen.**

Dieses Rätsel **zu lösen** *ist* **schwierig.**

Richtig wäre auch:
Es ist oft **schwierig,** das Wetter **vorherzusagen.**
Es war **schwierig,** die Unfallsursache **zu erkennen.**

Die Unverträglichkeit zwischen SCHWIERIG und einer Nennform kann, wie das Beispiel rechts oben zeigt, auch mit Hilfe einer Form von SEIN (ist, sind, war usw.) als Bindeglied überwunden werden.

Ebenso richtig wäre:
Den Unterschied zwischen **schwierig** und **schwer zu erklären** *ist* **schwierig.**
Das Spielergebnis **vorherzusagen** *war* **schwierig.**

m) sich – einander

Das rückbezügliche Fürwort SICH und das wechselbezügliche EINANDER werden oft miteinander verwechselt. EINANDER gibt es in der Mundart überhaupt nicht, und in der Umgangssprache wird es meist durch SICH GEGENSEITIG oder sogar durch SICH allein ersetzt.
EINANDER ist auch in der Schriftsprache nicht sehr beliebt, und wenn durch Verwendung von SICH anstelle von EINANDER nicht die Gefahr eines Mißverständnisses entsteht, gilt dieser Ersatz nicht einmal als grober Fehler.
In vielen Fällen hat aber die richtige Unterscheidung von SICH und EINANDER gewichtigen Einfluß auf den Sinn dessen, was ausgedrückt werden soll. Die folgenden Beispiele lassen den Unterschied deutlich erkennen:

Diese zwei Frauen betrachten **sich** (im Spiegel).

Diese zwei Frauen betrachten **einander.**

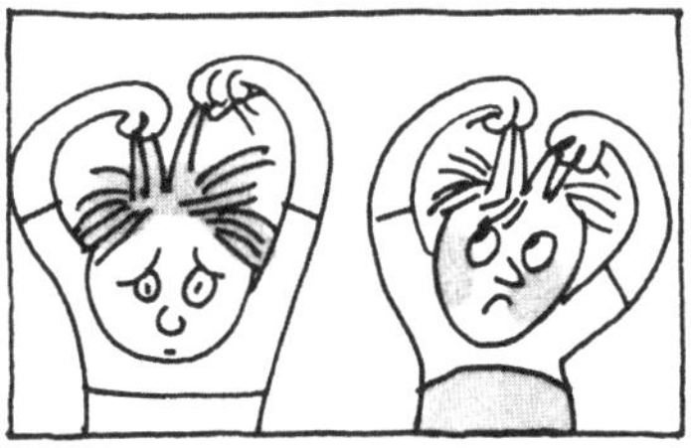

Diese Buben reißen **sich** die Haare aus.

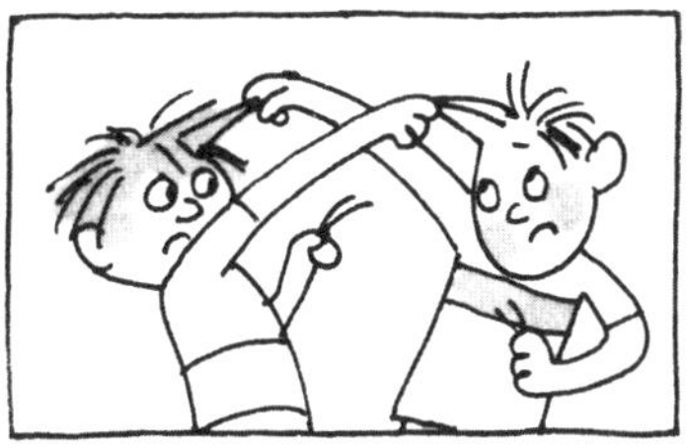

Die reißen die Haare **einander** aus.

Die beiden spritzen **sich** an.

Die spritzen **einander** an.

Sommerzeit – Sommerszeit

Die **Sommer**zeit wird in manchen Ländern durch Vorrücken der Uhr um eine Stunde eingeführt. Im Herbst wird die Uhr wieder zurückgestellt.

Die **Sommers**zeit ist eine Jahreszeit (wie der Frühling, der Herbst und der Winter).

voran – voraus

Der Mann mit der Fahne geht vor**an**. (Er marschiert an der Spitze der Gruppe.)

Der Mann mit der Fahne ging vor**aus**.

Die anderen folgten ihm später nach.

Wassernot – Wassersnot

Wassernot ist Not (Mangel) **an** Wasser.

Wassersnot ist Not **durch** (zuviel) Wasser.

zu zweit (dritt) – zu zweien (dreien) . . .

Zu **zweit** an einem Tisch.

Zu **dritt** an einem Tisch.

Sie wandern zu **viert** durch den Wald.

Die Vögel sitzen zu **zweien** auf dem Draht.

Zu **dreien** sitzen die Leute im Park auf den Bänken.

Zu **vieren** rudern sie auf der Donau.

VI. Grammatische Zwitter

1. Haupt- und Fürwörter

Gestalten wie dieser begegnen wir ziemlich oft, nur fallen sie uns nicht immer auf. Es sind nämlich Zwitter grammatischer Art, und um die erkennen zu können, braucht man ein feines Sprachgefühl. Diese Zwitter treten in Gestalt von Haupt- oder Fürwörtern auf, und ihr Wesen besteht darin, daß sie zugleich in zwei Fällen stehen. Jeder der nun folgenden zwei Sätze enthält eine solche seltsame Gestalt:

a) „Die Stimme des Maki (eines Halbaffen) kann man weithin hören und klingt so schauerlich, daß man erschrickt."

b) „Das Heroin verkaufte Robert Sch. an Freunde, die er schon seit seiner frühesten Jugend kannte, aber in der Zwischenzeit rauschgiftsüchtig geworden waren."

Im ersten dieser beiden Sätze heißt der Zwitter DIE STIMME. Zuerst („Die Stimme ... kann man weithin hören") ist DIE STIMME **vierter** Fall (WEN oder WAS kann man hören?), im zweiten Teil des Satzes („[Die Stimme] klingt so schauerlich, daß ...") müssen wir sie als **ersten** Fall auffassen (Frage: WER oder WAS klingt schauerlich?).

Der Zwitter im zweiten Satz ist das bezügliche Fürwort DIE. (Gemeint sind damit die Freunde.) Es leitet einen Gliedsatz (Nebensatz) ein und ist zuerst – so wie im ersten Satz – als **vierter** Fall aufzufassen („..., die er schon kannte"), muß aber dann („[die] ... rauschgiftsüchtig geworden waren") ohne äußere Veränderung in der Rolle des Subjekts als erster Fall auftreten. Wer geheimnisvolle Vorgänge solcher Art in der Welt der Wörter als störend empfindet, darf mit seinem Sprachgefühl zufrieden sein.

Etwas anders geartet sind die Verwandlungen in den Beispielen c und d:

c) „Wegen Verletzung mehrerer Paragraphen wurde Willi Z. die ÖBBV-Mitgliedschaft aberkannt und aus dem Verband ausgeschlossen."

d) „Kronberger wurde der Führerschein abgenommen und dem Kreisgericht N. eingeliefert."

In dem Satz c heißt der Zwitter WILLI Z. Er zeigt sich zuerst („... wurde Willi Z. die ... Mitgliedschaft aberkannt") als **dritter** Fall (Frage: WEM wurde die Mitgliedschaft aberkannt?) und dann als **erster**. (WER wurde ... eingeliefert?) Ebenso steht es in Satz d um KRONBERGER. **Richtig** könnten die vier Sätze wie folgt lauten:

a) Die Stimme des Maki kann man weithin hören. Sie klingt so schauerlich, daß ...

b) Das Heroin verkaufte Robert Sch. an Freunde, die er schon seit seiner

Jugend kannte, die aber ... rauschgiftsüchtig geworden waren.

Oder (besser):

... kannte. Sie waren aber ... rauschgiftsüchtig geworden.

c) Wegen Verletzung mehrerer Paragraphen wurde Willi Z. die Mitglied-

schaft aberkannt. Aus dem Verband wurde er ausgeschlossen.

d) Kronberger wurde dem Kreisgericht N. eingeliefert. Der Führerschein

wurde ihm abgenommen.

Oder (schöner):

Kronberger wurde, nachdem man ihm den Führerschein abgenommen hatte, dem Kreisgericht N. eingeliefert.

Und nun zur weiteren Schärfung des Sprachgefühls noch einige Beispiele mit Haupt- oder Fürwortern in Zwitterstellungen verschiedener Art:

Aus einer Filmkritik:

„Es ist einer der guten Schweizer Filme, die es seit ein paar Jahren **gibt** und auch bei uns **gespielt werden**."

Auf der Sportseite einer Zeitung war zu lesen:

„Die lange Abwesenheit von daheim hat ein Problem geschaffen, das in der Phase des Spiels in Holland **voll wirksam war,** aber **niemand** in seiner Größenordnung **erkannt hat**."

Aus einem Artikel über berühmte Fußballer:

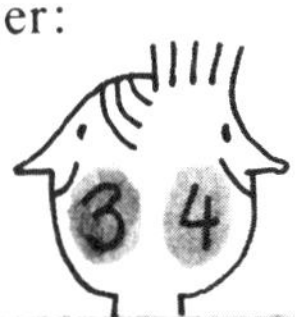

„Einer, der an Ruhm und Popularität Beckenbauer **gleichkam,** wenn nicht sogar **übertraf,** war Brasiliens Pele."

Aus einer Zeitschrift:

„Es gibt gar vieles, was **man schenken könnte,** einem aber **nicht einfällt**."

2. haben

Wie wir schon früher gesehen haben, kann das Wort HABEN in zwei Rollen auftreten: als Haupt- und als Hilfszeitwort. Als Hauptzeitwort bedeutet es sehr oft soviel wie BESITZEN: „Herr Soundso HAT ein Auto." Als Hilfszeitwort hilft es einem Hauptzeitwort, das Prädikat (die Satzaussage) zu bilden: „Herr Soundso HAT sich ein Auto GEKAUFT." Wie das folgende Beispiel zeigt, kann HABEN die beiden Rollen (als Herr und als Diener) sogar in ein und demselben Satz spielen:

Ich habe kein Geld gehabt .

GEHABT bedeutet hier soviel wie BESESSEN und ist somit eine Form des HAUPTzeitwortes HABEN. HABE hingegen ist in demselben Satz HILFSzeitwort. Es hilft mit, die Vergangenheit (das Perfekt) des Hauptzeitwortes HABEN (in der Bedeutung von BESITZEN) zu bilden.

Herr und Diener in einem

Daß ein Herr nicht sein eigener Diener sein kann, ist klar. Das Wort HABEN wird aber von gar nicht sehr wenigen Menschen oft gezwungen, beide Rollen zugleich zu spielen. Gutes Deutsch ist das natürlich nicht.

Ist HABEN in einem Satz tatsächlich als Haupt- **und** als Hilfszeitwort erforderlich, dann muß es eben zweimal verwendet werden: einmal in der einen und einmal in der anderen Rolle. Schlecht ist auf jeden Fall ein Satz wie dieser:

Herr Meier hat sich ein Auto **gekauft** und **kein Geld** mehr.

HAT bildet im ersten Teil dieses Satzes als HILFSzeitwort zusammen mit GEKAUFT die Vergangenheit (das Perfekt) von KAUFEN. Nachher muß HABEN aber in Verbindung mit KEIN GELD die Rolle eines HAUPTzeitwortes übernehmen. („. . . HAT kein Geld" bedeutet soviel wie „. . . BESITZT kein Geld".)

Dazu nun einige Beispiele ähnlicher Art aus Zeitungen:

a) Nachdem zu einem Fest einige erwartete Persönlichkeiten nicht erschienen waren, hieß es in einem Bericht:

„Entweder hatten die Herren **vergessen** oder **andere Sorgen**."

In der Verbindung „HATTEN vergessen" ist HATTEN HILFSzeitwort, mit Bezug auf „andere Sorgen" soll es aber als HAUPTzeitwort wirken.

b) Über eine Flugzeugentführung wurde berichtet:

„Der Entführer hatte einen Dynamitstab **in der Hand** und **gedroht**, das Flugzeug in die Luft zu sprengen."

„HATTE in der Hand" bedeutet soviel wie „HIELT in der Hand". In dieser Verbindung ist also HATTE HAUPTzeitwort. Im zweiten Teil des Satzes bildet jedoch HATTE zusammen mit GEDROHT die Vorvergangenheit von DROHEN und ist demnach HILFSzeitwort.

c) Über einen Musiker konnte man lesen:

„Anton R. hat bei hervorragenden Musikern **gelernt** und **ein** von Musik erfülltes **Leben** hinter sich."

In „HAT gelernt" ist HAT HILFSzeitwort, in „HAT ein ... erfülltes Leben hinter sich" fällt ihm aber die Rolle eines HAUPTzeitwortes zu.

Richtig hätten die drei angeführten Sätze etwa wie folgt lauten können:

a) Die Herren hatten entweder **vergessen**, oder sie hatten **andere Sorgen**.

Oder (unter Vermeidung des zweiten HATTEN):

Die Herren hatten entweder **vergessen**, oder sie waren mit anderen Sorgen belastet (gewesen).

b) Der Entführer hatte einen Dynamitstab **in der Hand** und drohte, das Flugzeug in die Luft zu sprengen.

c) Anton R. hat bei hervorragenden Musikern **gelernt** und blickt auf ein von Musik erfülltes Leben zurück.

3. werden

Auch von den verschiedenen Möglichkeiten der Verwendung des Wortes WERDEN ist bereits (Seite 40 ff.) die Rede gewesen. Zum leichteren Verständnis dessen, worauf es nun in diesem Kapitel ankommt, rufen wir uns das schon Gesagte kurz in Erinnerung:
Wie HABEN, so kann auch das Wort WERDEN einerseits als Haupt- und andrerseits als Hilfszeitwort verwendet werden. Als Hauptzeitwort tritt es in Verbindung mit Haupt- und Eigenschaftswörtern auf:

a) Kurt Rab wird **Zahnarzt.** **b)** Im Herbst werden die Tage **kürzer**.

Als Hilfszeitwort hilft WERDEN a) in Verbindung mit der Nennform eines Hauptzeitwortes die Zukunft (Z) und b) zusammen mit einem Mittelwort der Vergangenheit (zweiten Mittelwort), die Leideform (L) auszudrücken. Beispiele:

a) Wir werden nach England **fahren.** **b)** Ein Dieb wurde **verhaftet.**

Der nun folgende Satz enthält das Wort WERDEN in zwei Formen (WIRD und WERDEN), aber beide Male als Hilfszeitwort: zuerst zum Ausdruck der Zukunft und dann als Bestandteil der Leideform:

Das Haus wird **verkauft** werden .

WERDEN kann schließlich – ebenso wie HABEN – in ein und demselben Satz auch als Haupt- **und** als Hilfszeitwort auftreten:

Peter Müller wird **Zahnarzt** werden .

Menschen mit unzureichendem Sprachgefühl mißbrauchen das Wort WERDEN (ebenso wie HABEN), indem sie es in einem Satz nur einmal einsetzen und beide Rollen (die des „Herrn" und die des „Dieners") zugleich spielen lassen. Die

Zeichnung auf Seite 88, die das Wort HABEN als Zwitter zeigt, gilt also auch für WERDEN. Dazu nun einige Beispiele:

a) Auf der Kulturseite einer Zeitung konnte man lesen:
„R. W. Faßbinder drehte viele Filme, die von Cineasten **diskutiert** und über-

wiegend **Mißerfolge** wurden."

Zusammen mit dem Mittelwort DISKUTIERT bildet WURDEN hier als HILFSzeitwort die Leideform, in Verbindung mit dem Hauptwort MISSERFOLGE soll es aber als HAUPTzeitwort aufgefaßt werden.

b) Im Zusammenhang mit den Salzburger Festspielen wurde geschrieben:

„Der Rosenkavalier wurde damals dem großen Publikum **vorenthalten**, später aber ein kommerziell prächtig verwerteter **Opernfilm**."
In Verbindung mit dem Mittelwort VORENTHALTEN bildet WURDE hier die Leideform und ist somit HILFSzeitwort. Am Schluß muß aber dieses Hilfszeitwort die Rolle eines HAUPTzeitwortes übernehmen:
„. . . wurde . . . ein . . . Opernfilm."

c) Aus einer Zeitschrift stammt der folgende Satz:
„Man nimmt an, daß der Lateinunterricht nicht **abgeschafft**, aber neue Bil-

dungsziele **erhalten** wird."

In Verbindung mit ABGESCHAFFT steht hier WIRD als HILFSzeitwort im Dienste der LEIDEFORM; im Zusammenhang mit ERHALTEN ist es zwar ebenfalls Hilfszeitwort, aber als Bestandteil der ZUKUNFTSform. Auch Doppelrollen solcher Art sind natürlich nicht erlaubt.

d) Peter wird **Friseur** und später **auswandern**.

Hier steht WIRD in Verbindung mit dem Hauptwort FRISEUR als HAUPTzeitwort und drückt nachher zusammen mit dem Zeitwort AUSWANDERN als HILFSzeitwort die ZUKUNFT aus.

Besser wäre es gewesen, die vier angeführten Sätze etwa wie folgt zu gestalten:

a) R. W. Faßbinder drehte viele Filme. Sie wurden von Cineasten diskutiert und erwiesen sich überwiegend als Mißerfolge.

b) Den „Rosenkavalier“ hat man damals dem großen Publikum vorenthalten,

später wurde aber daraus ein ... Opernfilm.

c) Man nimmt an, daß der Lateinunterricht nicht abgeschafft wird, aber neue Bildungsziele erhält. (Die Zukunft darf in solchen Fällen durch die Gegenwart ersetzt werden.)

d) Peter wird Friseur und will später auswandern.

4. sein

Ähnlich wie HABEN und WERDEN wird auch SEIN gelegentlich zu Zwitterrollen gezwungen. Hier ein Beispiel:

„Dr. Ratmann ist **Bankdirektor** und gestern nach Schottland **geflogen**.“

In Verbindung mit dem Hauptwort BANKDIREKTOR tritt das Wörtchen IST hier als HAUPTzeitwort auf, zusammen mit dem Mittelwort GEFLOGEN bildet es aber als HILFSzeitwort die Vergangenheit (das Perfekt).

Richtig wäre: Dr. Ratmann, von Beruf Bankdirektor, ist gestern nach Schottland geflogen. (Die Wiederholung des Wortes IST [... ist Bankdirektor und ist gestern nach Schottland geflogen] wäre eine zwar grammatisch zulässige, aber doch schwerfällig klingende, unschöne Lösung.)

VII. Wortmischungen

Ganz wie ihre Mutter sieht die Tochter hier aus, und auch die Ähnlichkeit des Sohnes mit dem Vater ist nicht zu leugnen. Irgend etwas hat aber die Tochter doch auch vom Vater und der Sohn von der Mutter mitbekommen.
Bei Wortmischlingen sind ähnliche Erscheinungen zu beobachten: Das „Kind" zeigt auffallende Ähnlichkeit mit **einem** der beiden „Elternteile", aber irgendein Merkmal weist auch auf die Abstammung vom zweiten Elternteil hin. Mischlinge wie die folgenden bekommen wir fast täglich zu sehen und zu hören, nur fallen sie uns nicht immer auf. Die Beispiele a bis h entsprechen dem Muster A, die übrigen passen zu B.

a)
schmackhaft **geschmackvoll** **ge**schmackhaft

b)
infizieren **konfiszieren** infi**s**zieren

c)
besonders **insbesondere** **ins**besonders

d)
verkennen **mißverstehen** **miß**verkennen

e)
nächtigen **übernachten** **über**nächtigen

f)
möglichst **womöglich** **wo**möglichst

g)
mindestens **zumindest** **zu**mindestens

h)
verläßlich **zuverlässig** **zu**verläßlich

i)
telefonieren anrufen an**telefonieren**

j)
notieren aufschreiben auf**notieren**

k)
oktroyieren aufdrängen auf**oktroyieren**

l)
suggerieren einreden ein**suggerieren**

m)
wünschenswert erwünscht er**wünschenswert**

n)
veraltet gealtert **veraltert**

Neben den Wortmischungen kommen nicht selten auch Mischungen von Sätzen und Wendungen vor. Genaueres darüber enthält der Teil B, SATZLEHRE, Abschnitt VIII.

B. Zur Satzlehre

I. Bezug auf das Subjekt

Schon in dem Kapitel über die Fürwörter haben wir gesehen, daß sich die persönlichen Fürwörter mit besonderer Vorliebe auf das Subjekt des Satzes beziehen. Hier lernen wir nun andere wichtige „Freunde des Subjekts" kennen: die Nennform mit UM ZU und die Mittelwortgruppen.

1. Die Nennform (der Infinitiv) mit „um zu"

Beim Gebrauch der Nennform mit UM ZU muß man immer darauf achten, daß klar zu erkennen ist, worauf sie der Leser oder Zuhörer beziehen soll. Unklarheit des Bezuges führt leicht zu Mißverständnissen und kann ungewollte Heiterkeit erregen. Wer sich nicht auf Grund seines Sprachgefühls völlig sicher fühlt, schützt sich vor solchen „Unfällen" am besten, indem er sich angewöhnt, Nennformen mit UM ZU mit Bezug auf das **Subjekt** des Satzes zu gebrauchen, wie es auch der folgende, aus einer Werbeschrift stammende Satz zeigt:

„Um sich unnötigen Ärger zu ersparen, besorgt man seine Weihnachtseinkäufe am besten im Warenhaus XY."

Das Subjekt heißt hier MAN, und auf dieses bezieht sich die UM-ZU-Gruppe „um sich ... Ärger zu ersparen". Jeder Zweifel ist ausgeschlossen.

Nicht so klar ist der Sinn der nun folgenden Sätze ausgedrückt.

Als in einem Wiener Park versuchsweise kleine exotische Bäume gepflanzt worden waren, konnte man in einer Zeitung lesen:

„In einem Wiener Park wurden

exotische Bäumchen eingesetzt, um ihr Wachstum zu beobachten."

Das Subjekt heißt hier BÄUMCHEN, und die Zeichnungen zeigen, welche Folgen der Bezug der UM-ZU-Gruppe auf das Subjekt in Lesern mit feinem Sprachgefühl hervorrufen könnte: die Vorstellung nämlich, daß die Bäumchen eingesetzt worden seien, um selbst ihr Wachstum zu beobachten.

Richtig wäre gewesen: „In einem ... Park setzte man exotische Bäumchen ein, um ihr Wachstum zu beobachten." In dieser Form des Satzes heißt das Subjekt MAN, und der Bezug darauf läßt uns den Satz so verstehen, wie es der Absicht des Schreibers entspricht.

In einem während der Weihnachtszeit erschienenen Bericht hieß es:

„Unsere Berge haben genug Schnee, um Schi fahren zu können."

Das Subjekt heißt in diesem Satz BERGE, und der Bezug der UM-ZU-Gruppe auf dieses Subjekt ergibt die in der Zeichnung angedeutete Auffassung, daß die Berge Gelegenheit hatten, Schi zu fahren.
Richtig wäre in diesem Fall gewesen: „Auf den Bergen finden wir genug Schnee, um Schi fahren zu können." Diese Form das Satzes ergibt bei Bezug der UM-ZU-Gruppe auf das Subjekt (WIR) als Sinn das, was der Schreiber (wahrscheinlich) ausdrücken wollte.

Nun ein Beispiel aus einem (seltsamen) Reisebericht:

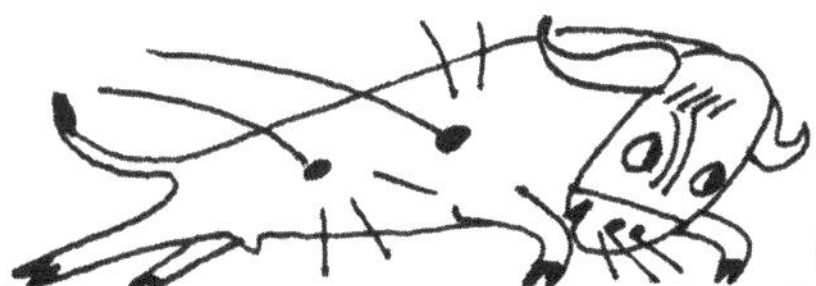

„Zu Hunderten werden Büffel abgeknallt, um zu Geld zu kommen."

Das Subjekt sind hier die BÜFFEL! Viel glaubwürdiger wäre dieser Satz also gewesen, wenn er etwa so gelautet hätte: „Zu Hunderten knallt man Büffel ab, um zu Geld zu kommen." Jetzt heißt das Subjekt MAN, und der Sinn des Satzes ist klar.

2. Mittelwortgruppen (Partizipialgruppen)

Jede Mittelwortgruppe besteht aus einem Mittelwort (der Gegenwart oder der Vergangenheit) und einigen anderen Wörtern als näherer Bestimmung dazu, wie etwa „auf dem Kahlenberg **stehend**" oder „mit Blumen **geschmückt**".
Wie im Falle der Nennform mit UM ZU muß man auch beim Gebrauch von Mittelwortgruppen dafür sorgen, daß über ihren Bezug kein Zweifel aufkommen kann. Hier ein Beispiel richtigen Gebrauches:
„Hilde sah aus dem Haus einen fremden Mann kommen, in jeder Hand eine schwere Tasche tragend."
Diesen Satz wird kaum jemand mißverstehen. Die Mittelwortgruppe „eine schwere Tasche tragend" beziehen wir auf den fremden Mann, der in dem Satz als Ergänzung (Objekt) im vierten Fall steht. Dieser Mann trug also die schweren Taschen.
Gefahr von Mißverständnissen entsteht oft dadurch, daß man als Leser oder Zuhörer dazu neigt, die Mittelwortgruppe, wann immer es möglich ist, auf das Sub-

jekt des Satzes zu beziehen, auch wenn es der Schreiber oder Sprecher anders möchte. Die folgenden Beispiele sollen in dieser Hinsicht zur Vorsicht mahnen.

Geschrieben wurde:

„In schmutzige Lumpen gehüllt, fand ein Bahnbediensteter auf dem Bahnhof zwei entsicherte Granaten."

Gemeint war:

Der Satz bedeutet aber:

Die vom Schreiber nicht gewollte Auffassung entsteht, weil das Subjekt des Satzes der BAHNBEDIENSTETE ist und der Leser dazu neigt, die Mittelwortgruppe („in schmutzige Lumpen gehüllt") auf dieses Subjekt zu beziehen.

Richtig wäre: „Ein Bahnbediensteter fand auf dem Bahnhof zwei in schmutzige Lumpen gehüllte entsicherte Handgranaten."

Geschrieben wurde:

„Obwohl mit einer dicken Staubschicht bedeckt, bewunderten wir die unerhörte Pracht des Bildes."

Gemeint war:

Der Satz bedeutet aber:

Das Subjekt des Satzes heißt WIR, und der Bezug der Mittelwortgruppe („mit einer dicken Staubschicht bedeckt") auf dieses Fürwort ergibt den oben rechts dargestellten Sinn.

Richtig wäre: „Obwohl das Bild mit einer dicken Staubschicht bedeckt war, bewunderten wir seine unerhörte Pracht."

Geschrieben wurde:
„In Alu-Fix-Folie gewickelt, können Sie auch gesprungene Eier kochen."

Gemeint war:

Der Satz bedeutet aber:

Da das Subjekt SIE heißt und damit die HAUSFRAU gemeint ist, muß man sich diese in Alu-Fix-Folie gewickelt vorstellen.
Richtig wäre: „In Alu-Fix-Folie gewickelt, können auch gesprungene Eier gekocht werden." In dieser Form des Satzes heißt das Subjekt EIER, und der Sinn ist in Ordnung.

Geschrieben wurde:
„Auf einer Apfelblüte sitzend, fotografierte Onkel Gustav eine Biene."

Gemeint war:

Der Satz bedeutet aber:

Da das Subjekt nicht die BIENE, sondern ONKEL GUSTAV ist, bezieht der Leser die Mittelwortgruppe („auf einer Apfelblüte sitzend") auf den ONKEL.
Richtig wäre: „Onkel Gustav fotografierte eine auf einer Apfelblüte sitzende Biene." Oder: „. . . eine Biene, die auf einer Apfelblüte saß."

Geschrieben wurde:
„Ich stehe vor dem Schädel eines Wasserbüffels, an der Stirn vier Einschüsse von einer Pistole.“

Gemeint war:

Der Satz bedeutet aber:

Obwohl der vorliegende Satz kein Mittelwort enthält, gilt „an der Stirn vier Einschüsse von einer Pistole“ als Mittelwortgruppe. Der Leser muß in Gedanken das Mittelwort HABEND hinzufügen.

Richtig wäre: „Ich stehe vor dem Schädel eines Wasserbüffels, der an der Stirn vier Einschüsse von einer Pistole hat.“

Also nochmals, bitte: Vorsicht beim Gebrauch von Mittelwortgruppen! Wer sich nicht ganz sicher fühlt, sollte sich angewöhnen, Mittelwortgruppen ebenso wie Nennformgruppen mit UM ZU und persönliche Fürwörter immer mit Bezug auf das Subjekt zu gebrauchen.

II. Die Beifügung (das Attribut)

1. Arten der Beifügung

Eine Beifügung, auch Attribut genannt, ist eine nähere Bestimmung zu einem Hauptwort. Sie kann Antwort auf die Fragen „welcher?", „was für ein?" oder „wessen?" geben.

Zumeist tritt die Beifügung in Gestalt eines vorangestellten Eigenschafts-, Mittel- oder Fürwortes auf. Als nachgestellte Beifügungen findet man außer Hauptwörtern (im zweiten Fall) auch Vorwörter und – meist kleine – Wortgruppen.

Der Hund hier oben stellt in den folgenden Beispielen die Beifügung dar, und der Mann ist das Hauptwort, auf das sich die Beifügung bezieht.

Der junge Mann.

Ein blühender Apfelbaum.

Dieser Autobus.

Das Auto der Frau Huber.

Ein Hauptwort kann auch zwei Beifügungen unterschiedlicher Art zugleich haben:

Das neue Auto des Herrn Meier.

Sogar aus einem Hauptwort mit Vorwort und Artikel kann eine Beifügung bestehen:

Das Bild an der Wand.

(Frage: Welches Bild?)

Der Weg auf den Schneeberg.

(Frage: Welcher Weg?)

Manchmal spielt auch ein Umstandswort allein die Rolle einer Beifügung:

Der Hund dort.

2. Bezug von Beifügungen zu zusammengesetzten Hauptwörtern

Das Geschlecht zusammengesetzter Hauptwörter richtet sich, wie wir auf Seite 17 gesehen haben, immer nach dem **Grund**wort der Zusammensetzung. Eine ebenso wichtige Rolle spielt das Grundwort, wenn dazu eine – voran- oder nachgestellte – Beifügung (ein Attribut) kommt. Beifügungen müssen sich nämlich immer auf das **Grund**wort beziehen. Bezug auf das Bestimmungswort (den ersten Bestandteil der Zusammensetzung) allein ist nicht möglich.

a) Vorangestellte Beifügungen

Es gibt also – zum Beispiel – junge, alte, glückliche, reiche, freundliche und andere Hausbesitzer. In allen diesen Fällen bezieht sich die (durch ein Eigenschaftswort ausgedrückte) Beifügung auf den BESITZER. Spricht aber jemand von einer BUNTEN LUFTBALLONVERKÄUFERIN, dann müssen wir uns eine bunte VERKÄUFERIN vorstellen; über die Beschaffenheit der Luftballone sagt diese Bezeichnung nichts. In ähnlicher Weise erheiternd wirken Bezeichnungen wie GESTOPFTER ZIGARETTENRAUCHER und HANDBEMALTER LAMPENSCHIRMERZEUGER. In dem einen Fall haben wir es nämlich mit einem gestopften RAUCHER zu tun, und im anderen Fall müssen wir uns einen bemalten ERZEUGER vorstellen.

Der Herr, den wir hier sehen, ist ein FÜNFSTÖKKIGER HAUSBESITZER. (Etwas völlig anderes wäre der BESITZER EINES FÜNFSTÖCKIGEN HAUSES.)

Das nebenstehende Bild zeigt, was sich ein ABWASCHBARER TAPETENFABRIKANT gefallen lassen muß. (Auf keinen Fall darf man ihn mit einem FABRIKANTEN ABWASCHBARER TAPETEN verwechseln.)

Wer sich einen ELEKTRISCHEN STRASSENBAHNSCHAFFNER bisher anders vorgestellt hat als den hier dargestellten, hat nun Gelegenheit, seinen Irrtum zur Kenntnis zu nehmen.

b) Nachgestellte Beifügungen

Die besprochene Regel für den Bezug von Beifügungen gilt auch, wenn die Beifügung dem Hauptwort nicht vorangeht, sondern nachgestellt ist. Wer also – zum Beispiel – über das nächtliche HUNDEGEBELL SEINES NACHBARN klagt, erweckt in seinen Zuhörern, sofern diese über ein gesundes Sprachgefühl verfügen, eine seltsame Vorstellung in der Art, wie sie hier angedeutet ist. Viel leichter könnte man sich eine Klage über das nächtliche GEBELL DER HUNDE DES NACHBARN als gerechtfertigt vorstellen.

Die folgende Darstellung zeigt die Beziehungen einer aus zwei Hauptwörtern bestehenden Zusammensetzung zu einer vorangehenden und einer nachgestellten Beifügung.

BW. = Bestimmungswort, GW. = Grundwort, BF. = Beifügung.

Mit dem **Bestimmungs**wort haben also die Beifügungen **nichts** zu tun.

III. Umstandsbestimmungen

Wir haben bereits gesehen, daß auch Zeitwörter mit Begleitern auftreten können: mit Hilfszeitwörtern wie auch mit Objekten (Ergänzungen im vierten, im dritten oder im zweiten Fall). Es gibt aber noch eine Reihe anderer Helfer, die den Inhalt eines Satzes durch Erweiterung der Aussage bereichern können. Vier davon sind erwähnenswert. Sie heißen (für uns) UDO, UZ, UWE und UGRU.

Hier sehen wir sie:

„Ich weiß,
wo,
woher,
wohin . . .“

„Ich weiß, wie,
auf welche
Weise . . .“

„Ich weiß,
wann, seit wann,
bis wann,
wie lange . . .“

Er weiß, warum,
weshalb,
wozu,
wodurch . . .

In der Grammatik haben diese seltsamen Vögel natürlich andere Namen, und zwar: Umstand **d**es **O**rtes, Umstand der **Z**eit, Umstand der Art und **W**eise und **U**mstand des **Gru**ndes. Sie können nicht nur in Verbindung mit Zeit- und Eigenschaftswörtern, sondern auch als nähere Bestimmungen zu anderen Umstandsangaben auftreten. Hier sehen wir sie in einigen kurzen, einfachen Sätzen:

Herr Huber ging ins Theater. Während der Vorstellung schlief er ein.

Die Zeit verging schnell. Seine Frau war wegen Krankheit zu Hause

geblieben.

Es kommt auch vor, daß in einem Satz zwei oder noch mehr Umstandsbestimmungen zusammentreffen, wie wir in den nächsten zwei Beispielen sehen:

Karin geht über die Straße immer vorsichtig an der geregelten Kreuzung.

Kurt wird in den Ferien zur Erholung in die Schweiz fahren.

IV. Beifügung oder Umstandsbestimmung?

Wortgruppen wie „an der Wand“ oder „auf den Schneeberg“ und Wörter wie „hier“ und „dort“ werden oft für Umstandsbestimmungen gehalten, auch wenn sie Beifügungen sind. Wichtig für das Unterscheiden zwischen Beifügung und Umstandsbestimmung ist das Erkennen des Wortes, auf das sich die fragliche Bestimmung bezieht. Wenn das Bezugswort ein Hauptwort ist, haben wir es mit einer Beifügung zu tun. Ist das Bezugswort aber ein Zeitwort, ein Eigenschaftswort oder auch selbst ein Umstandswort, dann liegt eine Umstandsbestimmung vor.

Zum Vergleich einige Beispiele:

Wir fahren nach Salzburg.

NACH SALZBURG bezieht sich hier auf das Zeitwort FAHREN und gibt auch Antwort auf die Frage „wohin?“. Es ist somit eine Umstandsbestimmung. (Die hier verwendeten Zeichen sind uns schon bekannt: der Mann mit dem Hut ist das Hauptzeitwort, und UDO bedeutet Umstand des Ortes.)

Nun aber:

Unsere Fahrt nach Salzburg war schön.

Der Bezug auf das Hauptwort FAHRT läßt uns hier erkennen, daß NACH SALZBURG als Beifügung aufzufassen ist. NACH SALZBURG kann in diesem Zusammenhang als Kurzform des Beifügesatzes (Relativsatzes) „die uns nach Salzburg führte“ betrachtet werden und gibt Antwort auf die Frage „welche Fahrt?“.

Dazu nun zwei ähnliche Beispielpaare:

Hier liegt die Tasche des Herrn Meier.

Die Tasche hier gehört Herrn Meier.

Zu beachten ist in diesen beiden Sätzen die Rolle des Wortes HIER.

Wir hörten gestern ein schönes Konzert.

Das Konzert gestern war sehr schön.

Ein ähnlicher Wandel wie oben an dem Wort HIER zeigt sich in diesem Satzpaar an GESTERN.

Zu ähnlichen Mißverständnissen wie die bisher angeführten *ER*fundenen Sätze können auch die nun folgenden *GE*fundenen Beispiele führen:
„An langen Tischen wurde Wildgulasch von Hirschen serviert."
Der Sinn der Wortgruppe VON HIRSCHEN kann in zweifacher Weise aufgefaßt werden:

1. An langen Tischen

wurde Wildgulasch von Hirschen serviert.

Bei dieser Auffassung lautet die Frage: „Was für Wildgulasch wurde serviert?" Antwort: „Wildgulasch von Hirschen." VON HIRSCHEN ist demnach eine Beifügung zu dem Hauptwort WILDGULASCH.

2. An langen Tischen

wurde Wildgulasch von Hirschen serviert .

Nach dieser Auffassung ist also VON HIRSCHEN eine nähere Bestimmung zu dem hier – mit dem Hilfszeitwort WERDEN – in der Leideform auftretenden Hauptzeitwort SERVIEREN. Die Frage lautet: „VON WEM wurde das Wildgulasch serviert?“ Antwort: „Von Hirschen.“ Wir erfahren aus dieser Antwort die „Urheber“ eines Geschehens, und eine solche Bestimmung ist eine der vielen Formen, in denen der **Umstand des Grundes** auftreten kann.

Der nun folgende Satz aus einem Bericht über die Suche nach Wasserverschmutzern in Norwegen ist ein Beispiel ähnlicher Art:

„Man hofft, den Verursacher der Müllablagerungen auf dem Meeresgrund zu finden.“

Wieder sind zwei Auffassungen möglich:

1. Man hofft, den Verursacher

der Müllablagerungen auf dem Meeresgrund zu finden.

In diesem Fall lautet die Frage: „Den Verursacher WELCHER (Art von) Müllablagerungen hofft man zu finden?“ Antwort: „Den ... von Müllablagerungen AUF DEM MEERESGRUND.“ AUF DEM MEERESGRUND ist somit eine **Beifügung** zu dem Hauptwort MÜLLABLAGERUNGEN.

2. Man hofft, den Verursacher

der Müllablagerungen auf dem Meeresgrund zu finden .

AUF DEM MEERESGRUND gehört nach dieser Auffassung zu dem in der Nennform mit ZU stehenden Hauptzeitwort FINDEN. Die Frage lautet diesmal: „WO hofft man die Müllablagerungen zu finden?“ Die Antwort (AUF DEM MEERESGRUND) ist also eine **Umstandsbestimmung des Ortes**.

Unser nächstes Beispiel stand in einer Zeitung als Überschrift:

„Chauffeur von VOEST-General in Mailand niedergeschlagen.“
Auch in diesem Fall sind zwei Auffassungen möglich:

1. Chauffeur von ... General in Mailand niedergeschlagen.

Die Frage lautet bei dieser Auffassung: „WELCHER (was für ein) Chauffeur wurde niedergeschlagen?“ Antwort: „Der (einer) des (eines) Generals.“ VON GENERAL ist demnach eine Beifügung zu dem Hauptwort CHAUFFEUR.

2. Chauffeur von ... General in Mailand niedergeschlagen .

Bei dieser Auslegung ist der General der „Urheber“ (Täter). Frage: „VON WEM wurde der Chauffeur niedergeschlagen?“ Antwort: „Von (dem) General.“ VON GENERAL ist somit eine zu der Leideform WURDE NIEDERGESCHLAGEN gehörende **Umstandsbestimmung des Grundes.**

Nun zum letzten Beispiel:

„Zeppel wurde wegen eines Diebstahls in einem Gasthaus gesucht.“

Erste Auffassung:

Zeppel wurde wegen eines Diebstahls in einem Gasthaus gesucht.

Die Wortgruppe IN EINEM GASTHAUS gibt nach dieser Auffassung an, wegen WAS FÜR EINES Diebstahls der Mann gesucht wurde, und spielt demnach die Rolle einer Beifügung zu dem Hauptwort DIEBSTAHL.

Zweite Auffassung:

Zeppel wurde wegen eines Diebstahls in einem Gasthaus gesucht .

In diesem Fall erfahren wir von der Wortgruppe IN EINEM GASTHAUS, WO jener Mann GESUCHT wurde. Was zuerst Beifügung war, ist nun zu einem **Umstand des Ortes** geworden.

Daß in beiden Fällen WEGEN EINES DIEBSTAHLS ein „UGRU" ist, wurde bei der zeichnerischen Darstellung nicht berücksichtigt, weil es in diesem Kapitel nur um diejenigen Satzteile geht, die sowohl als Beifügungen wie auch als Umstandsbestimmungen aufgefaßt werden können.

Zum Schluß ein guter Rat:

Die zwei Auffassungsmöglichkeiten in Sätzen der soeben besprochenen Art werden gewiß nicht allzuoft zu ernsten Verwechslungen oder Mißverständnissen **führen. Wer aber die Gewähr haben will, daß das,** was er schriftlich oder mündlich von sich gibt, von seinen Lesern oder Zuhörern nicht als Zeichen unfreiwilliger Komik aufgefaßt wird, der sollte als Satzbaumeister immer entsprechende Vorsicht walten lassen.

V. Ergänzungen

Es gibt Ergänzungen (Objekte) im vierten, im dritten und im zweiten Fall. Von den an erster Stelle genannten war bereits in Teil A, WORTLEHRE, Abschnitt IV, Punkt 3 („Zielende und nichtzielende Zeitwörter“) die Rede. Zeitwörter, die – wie die zielenden – ebenfalls nicht allein bestehen können, aber einen anderen als den vierten Fall verlangen, werden in diesem Abschnitt behandelt.

1. Ergänzungen im dritten Fall

Frage: Wem?

Subjekt	**Prädikat**	**Objekt, 3. Fall**

Dieser Hund	gehört	einem alten Mann.

Die Katzen	gefallen	diesem Mädchen.

Die Kinder	begegneten	einem Stier.

Der kleine Max	gleicht	seinem großen Bruder.

2. Ergänzungen im zweiten Fall

Frage: Wessen?

In früheren Zeiten kamen viel öfter als heute auch Ergänzungen im zweiten Fall vor. Man sagte – zum Beispiel –: Er freut sich sein**es** Erfolg**es**. Sie erinnerte sich noch ihr**es** Urgroßvater**s**. Wir schämen uns unser**er** Niederlage.
Heute sagt man statt dessen meist: Er freut sich ÜBER seinen Erfolg. Sie erinnert sich noch AN ihren Urgroßvater. Wir schämen uns WEGEN unserer Niederlage.
Einige Zeitwörter werden allerdings auch jetzt noch mit dem zweiten Fall ohne ein Vorwort, das diesen Fall verlangt, verbunden. BEDÜRFEN und GEDENKEN gehören zu diesen Ausnahmen:

Subjekt	**Prädikat**	**Objekt, 2. Fall**

Der Kranke	bedarf	ein**es** Arzt**es**.

Die Menschen	gedenken	ihr**er** Verstorbenen.

3. Ein Zeitwort – zwei Ergänzungen

Unter den Zeitwörtern, die eine Ergänzung im vierten Fall brauchen, gibt es einige, die dazu auch noch ein Objekt im dritten Fall annehmen können. Die Ergänzung im vierten Fall gibt Antwort auf die Frage „wen oder was?“, während die im dritten Fall als Antwort auf die Frage „wem?“ steht. Dazu drei Beispiele:

Subjekt	**Prädikat**	**Objekt, 3. Fall**	**Objekt, 4. Fall**

Der Arzt	verschreibt	de**m** Kranken	eine Medizin.

Subjekt	**Prädikat**	**Objekt, 3. Fall**	**Objekt, 4. Fall**

Der Briefträger	bringt	de**m** Vater	eine**n** Brief.
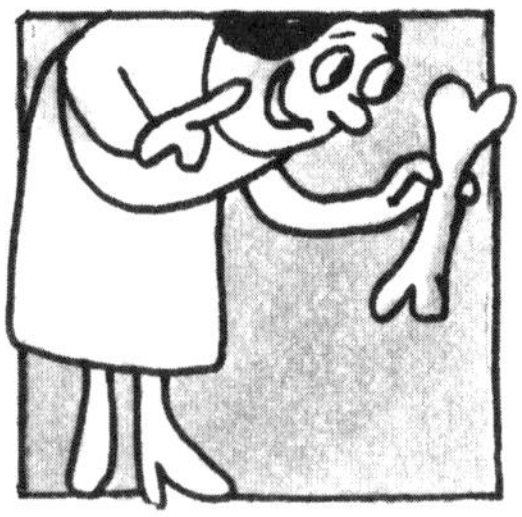			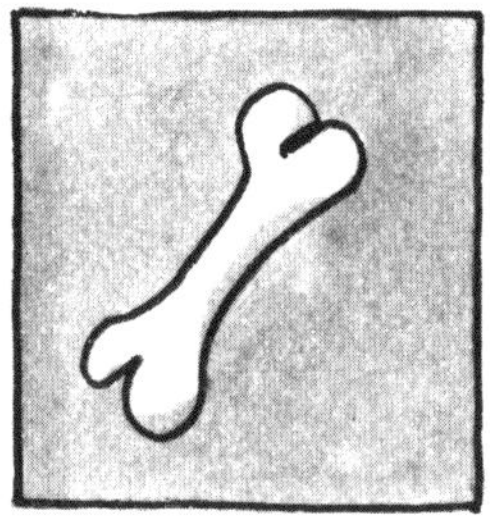
Frau Huber	gibt	ihre**m** Hund	eine**n** Knochen.

VI. Der Platz im Satz (die Wortfolge)

1. Subjekt – Prädikat – Objekt

Der Sinn eines Satzes hängt sehr oft von der Wortfolge ab, also von der Reihenfolge, in der die Wörter angeordnet sind. Der „normale“ Hauptsatz weist die Reihenfolge S – P – O (Subjekt – Prädikat – Objekt) auf:
Der Hund verfolgt den Hasen.
Der Sinn dieses Satzes ist völlig klar:

Der Satz behält seine Bedeutung aber auch, wenn wir die Wortfolge HUND – HASE umkehren:
Den Hasen verfolgt der Hund.

Daß der Sinn dieses Satzes trotz der Umkehrung unverändert bleibt, ist darauf zurückzuführen, daß die Artikel (DEN – DER) sofort erkennen lassen, welches der beiden Hauptwörter als Subjekt und welches als Objekt aufzufassen ist: Trotz seiner Spitzenstellung kann DEN HASEN nur Objekt sein, und DER HUND behält ebenfalls seine frühere Rolle, nämlich die des Subjekts.

Solche Umstellungen sind jedoch nicht immer ohne Änderung des Sinnes möglich. HUND und HASE sind Wörter männlichen Geschlechts, und der Fall solcher Hauptwörter ist immer leicht zu erkennen, weil sich ihr Artikel – zumindest in der Einzahl – von Fall zu Fall ändert: der – des – dem – den.
Anders ist es bei den Hauptwörtern des weiblichen und des sächlichen Geschlechts. Betrachten wir dazu zwei kurze Sätze:
a) Die Katze verfolgt die Maus.

b) Das Krokodil verfolgt das Schwein.

In diesem Satz sind die Rollen der beiden Hauptwörter an deren Stellung zu erkennen. Wir finden es selbstverständlich, daß im ersten Satz die KATZE und im zweiten das KROKODIL als Subjekt aufzufassen ist, so daß in dem einen Fall der MAUS und im anderen dem SCHWEIN die Rolle des Objekts (im vierten Fall) zufällt. Nun ändern wir aber die Reihenfolge und sagen:

a) Die Maus verfolgt die Katze.

b) Das Schwein verfolgt das Krokodil.

Die Umstellung hat einen Rollentausch bewirkt: MAUS und SCHWEIN sind jetzt Subjekte, KATZE und KROKODIL fassen wir als Objekte auf. Der Platztausch zwischen Subjekt und Objekt ist also nur bei männlichen Hauptwörtern zulässig. Bei weiblichen und sächlichen Wörtern bewirkt der Platztausch, daß der Leser das Geschriebene anders auffaßt (oder auffassen kann), als es der Schreiber gemeint hat. Dazu einige Sätze aus Zeitungsberichten als warnende Beispiele:

„Eine Kidnapperbande hat die italienische Polizei in der Lombardei unschädlich gemacht.“

„Eine Bande von Jugendlichen verhaftete die Polizei.“

„Papageien entführten zwei Männer aus einer New Yorker Zoohandlung.“ (Arme Polizei, arme Tierhändler!)

2. Modalverben
(Hilfszeitwörter der Aussage)

Die HI-HA-MO-Regel

Wenn in einem Satz ein Hauptzeitwort und ein Hilfszeitwort der Aussage (Modalverb), beide in der Nennform, zusammentreffen und dazu noch ein Hilfszeitwort der Zeit kommt, erhebt sich immer wieder die Frage nach der richtigen Einordnung in den Satz. Diese drei „Helden" des hier folgenden Kapitels haben für solche Fälle eine Vereinbarung getroffen, die immer eine für alle Teile befriedigende Lösung gewährleistet: Sie treten, wenn sie nicht von einem (sprach)gefühllosen Menschen daran gehindert werden, stets in der Reihenfolge auf, in der wir sie hier sehen:

HI ist das Hilfszeitwort der Zeit (HABEN oder WERDEN). Es hilft mit, die „zusammengesetzten" Zeitformen zu bilden. HA ist das Hauptzeitwort, und MO ist das Modalverb (DÜRFEN, KÖNNEN, MÖGEN, MÜSSEN, SOLLEN oder WOLLEN). Nach der HI-HA-MO-Regel gebaute Hauptsätze sehen also wie folgt aus:

Wir haben spielen dürfen .

Sie hätten kommen können .
Er wird fahren wollen .
Du wirst anrufen müssen .

Diese Regel gilt auch, wenn das Hauptzeitwort in der Leideform steht:

Dem Mann hätte geholfen werden können .

Ebenso: Der Arzt wird gerufen werden müssen .

GEHOLFEN WERDEN und GERUFEN WERDEN sind Nennformen der Gegenwart in der Leideform. Ihre beiden Bestandteile bilden eine feste Einheit, die den Platz einnimmt, an dem in der Tatform das Hauptzeitwort ohne Hilfsverb steht. (Jemand hätte HELFEN können. Der Arzt wird KOMMEN müssen.) Als Abweichung von der HI-HA-MO-Regel ist also die Stellung des Hilfszeitwortes WERDEN in der Leideform nicht zu betrachten.

Die angegebene Reihenfolge muß im Nebensatz genauso eingehalten werden wie im Hauptsatz:

Ich weiß nicht, ob er hätte kommen können.

Ebenso: Ich weiß nicht, ob sie wird kommen wollen.

Und in der Leideform:

Ich glaube, daß er hätte gefragt werden sollen.

In einem Punkt weicht aber die Form des Hauptsatzes von der des Nebensatzes ab: Im Hauptsatz dürfen Ergänzungen und Umstandsbestimmungen zwischen HI und HA eingefügt werden:

Wir werden daheim bleiben müssen. U. O. = Umstand des Ortes

Er hätte gestern kommen können. U. Z. = Umstand der Zeit

Er wird dir helfen wollen. O. 3. = Objekt im 3. Fall

Sie hätten dich besuchen sollen. O. 4. = Objekt im 4. Fall

In Nebensätzen ist dieses Einfügen von Ergänzungen (Objekten) und Umstandsbestimmungen zwischen HI und HA **nicht** erlaubt. Die genannten Satzglieder haben ihren Platz **vor** der HI-HA-MO-Gruppe. Also:

Ich nehme an, daß wir nach Wien werden fahren müssen.

Ich weiß nicht, ob er gestern hätte kommen können.

Sie behaupten, daß sie mir hätten helfen können.

Ich weiß nicht, ob er dich wird besuchen wollen.

Verlangt ein solcher Nebensatz eine Umstandsbestimmung **und** ein Objekt, dann sind **beide** der HI-HA-MO-Gruppe voranzustellen:

Ich weiß nicht, ob ich dich morgen werde anrufen können.

Und in der Leideform:

Ich weiß nicht, ob ihm dort hätte geholfen werden können.

Schwieriger wird der Satzbau, wenn zu der HI-HA-MO-Gruppe auch noch das Wort LASSEN kommt. Dieses wird als zusätzliches Modalverb dem Hauptzeitwort unmittelbar nachgestellt. Im Hauptsatz heißt es also:

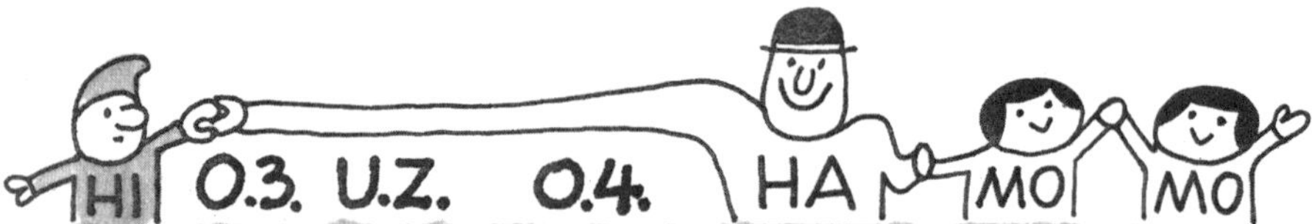

Er wird sich heute die Haare schneiden lassen müssen.

Und im Nebensatz:

..., daß er sich heute die Haare wird schneiden lassen müssen.

Sowohl im Haupt- wie auch im Nebensatz sind U. Z. und O. 4. austauschbar.

VII. Überfluß

Damit wir uns beim Lesen und beim Zuhören nicht langweilen, bemühen sich
die lustigen Zweimalsager
immer wieder, uns schriftlich und mündlich zu zeigen, wie sehr sie von der Richtigkeit des Sprichwortes „Doppelt hält besser“ überzeugt sind. Leider fällt aber das Besondere, das sie uns durch ihre sprachliche Ausdrucksweise bieten, vielen Lesern und Zuhörern gar nicht auf. Wer jedoch Sprachgefühl hat, in dem erwachen während des Lesens und Hörens dessen, was die Zweimalsager von sich geben, seltsame Vorstellungen von möglichen Eigenschaften, Gewohnheiten oder Verhaltensweisen dieser Schreiber und Sprecher. Einige Möglichkeiten solcher Vorstellungen zeigen uns die Bilder hier:

Nun aber einige Beispiele zum Beweis für die Leistungsfähigkeit dieser lieben Leute:
„Die Spieler dieser Mannschaft sind

in der Lage , mit beiden Beinen gleich gut schießen zu können .“
(Einfacher und besser: in der Lage, ... gleich gut ZU SCHIESSEN.)

„Der Mann hatte nicht die

Fähigkeit , bis zum Ende durchhalten zu können ."
(Besser: Fähigkeit, bis zum Ende DURCHZUHALTEN.)

„Viele Leute freuen sich über die

Erlaubnis , in der Stadt Grünflächen betreten zu dürfen ."
(Besser: Erlaubnis, . . . zu BETRETEN.)

„Schon als Kind äußerte sie den

Wunsch , Lehrerin werden zu wollen ."
(Besser: Wunsch, Lehrerin zu WERDEN.)

„Man sprach über die

Pläne , eine TV-Kabelgemeinschaft gründen zu wollen ."
(Besser: Pläne, . . . zu GRÜNDEN.)

„Manche leiden unter dem

Zwang , sich einer strengen Ordnung unterwerfen zu müssen ."
(Besser: Zwang, sich . . . zu UNTERWERFEN.)

Sehr beliebt sind bei den Zweimalsagern auch Wortpaare wie die folgenden:

Zum König der Wortverschwender gekrönt zu werden, verdient aber der Erfinder der bereits beliebt gewordenen Redensart

Darin stecken nämlich nicht nur zwei, sondern sogar drei Ausdrucksformen eines und desselben Gedankens: erstens „(es) kann sein", zweitens „(es) ist möglich" und drittens „vielleicht". Der König der Wortverschwender ist somit ein „DREImalsager".

Nebenbei: In der Grammatik werden zur Bezeichnung sprachlichen Überflusses die Fremdwörter TAUTOLOGIE und PLEONASMUS verwendet.

VIII. Vermischte Sätze und Wendungen

In einem Kapitel des Abschnittes „Zur Wortlehre“ haben wir uns mit „Wortmischungen“ beschäftigt. Nicht selten werden aber Mischlinge ähnlicher Art auch aus Wortgruppen oder feststehenden Wendungen, ja sogar aus ganzen Sätzen gebildet. Dazu nun hier einige Beispiele, die keineswegs nur als „Eintagsfliegen“ aufgetreten sind, sondern sehr oft verwendet wurden und immer noch vorkommen:

Der Kartenverkauf beginnt am 15. Mai.

Der Kartenverkauf findet ab 15. Mai statt.

Der Kartenverkauf beginnt ab 15. Mai.

Meines Erachtens besteht wenig Hoffnung.

Nach meinem Erachten besteht wenig Hoffnung.

Meines Erachtens nach besteht wenig Hoffnung.

Wettbewerb für Kinder zwischen 3 und 6 Jahren.

Wettbewerb für Kinder von 3 bis 6 Jahren.

Wettbewerb für Kinder zwischen 3 bis 6 Jahren.

Der sich im Ausland befindende Minister.

Der im Ausland befindliche Minister.

Der sich im Ausland befindliche Minister.

Da stimmt doch etwas nicht!

Das kann doch nicht stimmen!

Da kann doch etwas nicht stimmen!

teure Waren

hohe Preise

teure Preise

billige Waren

niedrige Preise

billige Preise

C. Zur Zeichensetzung

I. Nur ein kleiner Bindestrich

Wenn jemand im allgemeinen fehlerfrei schreibt und dabei „höchstens“ hie und da einen Bindestrich zu setzen vergißt oder um einen zuviel setzt, ist in dem von ihm Geschriebenen noch lange nicht alles in Ordnung; denn ein fehlender oder überflüssiger Bindestrich kann den Sinn dessen, was man schreibt, beträchtlich verändern und entstellen.
Wird in einem Schaufenster
KATZEN- UND HUNDEFUTTER
angeboten, dann können wir in dem Geschäft

und

kaufen, also Futter für Katzen und Futter für Hunde.

Lesen wir aber:
KATZEN UND HUNDEFUTTER,
dann dürfen wir erwarten,

und

zu bekommen. Katzenfutter (und Hunde) müssen wir jedoch in diesem Fall anderswo besorgen.

Wesentlich unterscheidet sich davon die Ankündigung:

KATZEN-UND-HUNDE-FUTTER.

Das bedeutet nämlich Futter für Katzen und für Hunde zugleich, also:

Ähnliches gilt für Ankündigungen in Spielwarenhandlungen. Hier – zum Beispiel – sehen wir

KNABEN- UND MÄDCHENSPIELZEUG,

also Spielzeug für Knaben neben Spielzeug für Mädchen.
Lesen wir aber:

KNABEN UND MÄDCHENSPIELZEUG,

dann laufen wir am besten sofort zur Polizei; denn dort verkauft man ja

und

.

Das heißt, man verkauft in diesem Geschäft außer Mädchenspielzeug auch Knaben; man betreibt also Menschenhandel.
Über

KNABEN-UND-MÄDCHEN-SPIELZEUG

hingegen dürfen sich Knäblein und Mägdelein in gleicher Weise freuen, denn es ist ja für die einen ebenso wie für die anderen geeignet:

II. Der Beistrich (das Komma) gibt dem Satz den Sinn

Frau A hat zwei weiße Katzen: eine große weiße Katze und eine kleine weiße Katze.

Zu betonen sind die Eigenschaftswörter „große“ und „kleine“. Sie gehören als Beifügungen nicht nur zu dem Hauptwort „Katze“, sondern sind nähere Bestimmungen des Begriffes „weiße Katze“.

Frau B hat ebenfalls zwei Katzen: eine große, weiße und eine kleine, schwarze Katze.

Hier stehen in beiden Fällen die zwei aufeinanderfolgenden Eigenschaftswörter („große, weiße“ und „kleine, schwarze“) als gleichwertige Glieder einer Reihe (Aufzählung) und sind deshalb durch Beistriche voneinander getrennt. Jedesmal werden beide Eigenschaftswörter betont.

Frau C sagt: „Lotte Hofer, meine Freundin, und mein Bruder Max haben einen Ausflug gemacht.“

Die zwei Beistriche lassen Lotte Hofer als die Freundin der Frau C erkennen. „Meine Freundin“ ist ein Beisatz (eine Apposition) zu „Lotte Hofer“.

Frau D sagt: „Grete Berger, meine Freundin und mein Bruder Hans haben einen Ausflug gemacht.“

Am Nichtvorhandensein eines Beistrichs nach „Freundin“ erkennen wir, daß „meine Freundin“ nicht als Beisatz zu „Grete Berger“ aufzufassen ist, und das bedeutet, daß Grete Berger und die Freundin **zwei** Personen sind. Insgesamt ist hier also von **drei** Personen die Rede.

Frau E sagt: „Meine Kinder, Kurt und Karin, gehen schon in die Schule.“

Die beiden Beistriche lassen uns „Kurt und Karin“ als Beisatz zu dem Wort „Kinder“ erkennen, und das heißt, daß Frau E nur zwei Kinder hat, eben Kurt und Karin. Wie so oft vor Beisätzen, könnte man vor dem Namen „Kurt“ das Wort „nämlich“ einfügen.

Frau F sagt: „Meine Kinder Markus und Monika gehen schon in die Schule. Barbara ist erst drei Jahre alt.“

Daß weder vor „Markus“ noch nach „Monika“ ein Bestrich steht, sagt uns, daß Markus und Monika nicht alle Kinder der Frau F sind. Sie hat noch ein drittes Kind, nämlich Barbara. Das Wort „nämlich“ vor „Markus“ (wie oben vor „Kurt“) entspräche dem Sinn dieses Satzes nicht.

Herr A hat schon viele Jahre zwei weiße Hunde. Gestern hat er sich dazu einen dritten, schwarzen Hund gekauft.

Zu betonen sind die Wörter „dritten" und „schwarzen". Sie gelten hier als gleichwertige Beifügungen zu dem Hauptwort „Hund" und sind deshalb durch einen Beistrich voneinander getrennt.

Auch Herr B hat schon lange Zeit zwei weiße Hunde. Gestern hat er sich dazu einen dritten weißen Hund gekauft.

Wichtig – und darum zu betonen – ist hier das Wort „dritten". Es gehört als Beifügung nicht nur zu dem Hauptwort „Hund", sondern zu dem Begriff „weißer Hund". Aus diesem Grunde steht zwischen „dritten" und „weißen" kein Beistrich.

Herr C hat in einem Aquarium viele kleine Fische. In einem zweiten Aquarium hat er einige andere kleine Fische.

Betont wird hier das Wort „andere". Es bildet eine nähere Bestimmung zu dem Begriff „kleine Fische", und das ist der Grund dafür, daß zwischen „andere" und „kleine" kein Beistrich steht.

Auch Herr D hat in einem Aquarium viele kleine Fische. In einem zweiten Aquarium hat er einige andere, größere Fische.

Hier gehört das Wort „andere" ebenso wie „größere" als Beifügung nur zu dem Hauptwort „Fische", also nicht zu dem Begriff „größere Fische". Die beiden Eigenschaftswörter treten als gleichwertige Satzteile auf und sind deshalb durch einen Beistrich voneinander getrennt.

Der A-Dorfer Zahnarzt, Dr. Richard Reißer, ordiniert montags bis freitags von 8 bis 12 und von 14 bis 17 Uhr.

Da „Dr. Richard Reißer“ (als Beisatz) zwischen Beistrichen steht, weiß man, daß es in A-Dorf nur diesen einen Zahnarzt gibt. Man könnte vor „Dr. Richard Reißer“ auch das Wort „nämlich“ einfügen.

Der B-Dorfer Zahnarzt Dr. Zacharias Zieher ordiniert jeden Montag, Mittwoch und Freitag von 8 bis 12 und von 14 bis 18 Uhr.

Daran, daß „Dr. Zacharias Zieher“ nicht zwischen Beistrichen steht, erkennt man, daß es in B-Dorf nicht nur einen, sondern zwei oder vielleicht sogar noch mehr Zahnärzte gibt. Das Wort „nämlich“ vor „Dr. Zacharias Zieher“ entspräche nicht dem Sinn dieses Satzes.

Nun einige Beispiele anderer Art:

Ein schlanker Mann. **Ein zweiter schlanker Mann.** **Ein dritter, dicker Mann.**

Im Falle des „zweiten schlanken Mannes“ ist das Wort „zweiter“ eine nähere Bestimmung zu dem Begriff „schlanker Mann“, wogegen sich die Beifügung „schlanker“ in demselben Beispiel nur auf das Wort „Mann“ bezieht. Die Wör-

ter „zweiter“ und „schlanker“ spielen also nicht gleichwertige Rollen und sind darum auch nicht durch einen Beistrich voneinander getrennt. Betont wird das Wort „zweiter“.
Im Falle des „dritten, dicken Mannes“ bezieht sich das Zahlwort „dritter“ ebenso wie das Eigenschaftswort „dicker“ nur auf das Hauptwort „Mann“. Der Beistrich zwischen „dritter“ und „dicker“ läßt die Gleichwertigkeit der Rollen dieser beiden Beifügungen erkennen. Betont wird „dritter“ ebenso wie „dicker“.

Wieder etwas anderer Art ist die nun folgende Beispielgruppe:

Ein dicker Mann. — **Ein zweiter dicker Mann.** — **Ein dritter dicker Mann.**

Sowohl bei b wie auch bei c bezieht sich das Zahlwort auf den Begriff „dicker Mann“. Darum in beiden Fällen kein Beistrich. Zu betonen ist beide Male nur das Zahlwort.

Noch ein bißchen verzwickter sind die Dinge bei den hier dargestellten Bildern:

Ein großes Bild. — **Ein anderes großes Bild.** — **Ein drittes, kleines Bild.** — **Ein ähnliches kleines Bild.**

Zu b: Kein Beistrich, weil sich das (betonte) Wort „anderes“ auf den Gesamtbegriff „großes Bild“ bezieht.
Zu c: Beistrich, weil sich beide Beifügungen nur auf das Hauptwort „Bild“ beziehen. Betont werden beide Beifügungen.
Zu d: Da sich das Wort „kleines“ nur auf „Bild“, „ähnliches“ aber auf den

Gesamtbegriff „kleines Bild“ bezieht, sind „ähnliches“ und „kleines“ keine gleichwertigen Beifügungen und deshalb auch nicht durch einen Beistrich voneinander getrennt. Betont wird nur das Wort „ähnliches“.

„Höher geht’s nimmer!“ könnte man angesichts der nun folgenden Beispielreihe sagen:

Eine Leiter.

Eine höhere Leiter.

Eine noch höhere, zusammenklappbare Leiter.

Eine noch höhere zusammenklappbare Leiter.

Die bereits angeführten Regeln erklären den Sinn der Beistrichsetzung auch in diesen Beispielen.

Was nun folgt, ist ein besonderer, sehr heikler Fall:

Das ist Gerhard.
Er hat lange Haare.

Hier sehen wir Max:

Max hat, wie man sieht, schon lange lange Haare.
(Das heißt: Er hat schon LANGE ZEIT lange Haare.)

Auch das hier links ist Max. Nun hat er aber schon lange, lange Haare. Ein Beistrich ist gekommen und hat eine Änderung herbeigeführt: LANGE, LANGE HAARE bedeutet soviel wie SEHR LANGE Haare.

Ein bißchen rätselhaft wirkt der Satz aber in der nun folgenden Form:

Max hat schon lange lange lange Haare.

Ein Beistrich könnte allerdings auch hier Klarheit schaffen. Wo aber müßte dieser Beistrich stehen?
Es gibt da sogar zwei Möglichkeiten: Steht der Beistrich vor dem dritten Wort LANGE, dann bedeutet der Satz: Max hat SCHON LANGE ZEIT SEHR LANGE HAARE.
Steht der Beistrich aber zwischen dem ersten und dem zweiten Wort LANGE, dann drückt er aus, daß Max schon SEHR lange Zeit LANGE Haare hat. Wem das alles nicht sofort einleuchtet, der braucht sich deshalb aber keine grauen Haare wachsen zu lassen.
Dabei spielt auch keine Rolle, ob er selbst schon LANGE LANGE oder sogar schon LANGE, LANGE Haare hat.
Besondere Beachtung verdienen die Beistriche auch in unseren nun folgenden, letzten Beispielen:

Herr X Herr Y

Herr X behauptet, Herr Y sei ein gesuchter Verbrecher.

Aber:

Herr X, behauptet Herr Y, sei ein gesuchter Verbrecher.

Unglaublich, wie leicht ein Mensch in schlechten Ruf geraten kann – nicht wahr? Ein Beistrich zuviel oder zuwenig, und schon ist es geschehen. Trotzdem schenken manche Leute diesem Satzzeichen wie auch sonst allem, was mit Grammatik zu tun hat, nicht die Beachtung, die ihm gebührt.

Anhang

AUFGABEN UND ÜBUNGEN

A. Zur Wortlehre

Das Hauptwort

Beugung (Deklination) des Hauptwortes

1 An welchen drei Fällen eines Hauptwortes kann man dessen Beugungsart rasch feststellen?

2 Welche von den folgenden Hauptwörtern weisen a) starke, b) schwache, c) gemischte Beugung auf:
Mann, Frau, Kind, Knabe, Mensch, Kuh, Hund, Ochs, Ohr, Staat, Auge, Ende.

Das Geschlecht zusammengesetzter Hauptwörter

3 Nach welchem Bestandteil richtet sich das Geschlecht zusammengesetzter Hauptwörter?

Die vier Fälle des Hauptwortes und die Vorwörter

4 In jeder der folgenden Gruppen von Vorwörtern ist eines enthalten, das zu den anderen nicht paßt. Welches sind diese „Außenseiter", und warum passen sie nicht in die Gruppe?
a) anstatt, diesseits, infolge, ohne, während, wegen
b) aus, mit, nach, vor, von, statt, zu
c) durch, für, gegen, ohne, um, unter, wider
d) an, auf, bei, hinter, in, neben, über
Wenn diese Aufgabe Schwierigkeiten bereitet, sollte der Abschnitt über die vier Fälle (Seite 20 ff.) nochmals durchgelesen werden.

Fürwörter

Persönliche Fürwörter

5 Jeder der folgenden Sätze enthält einen durch ein persönliches Fürwort verursachten sinnstörenden Fehler. Wie müßten die Sätze lauten, um nicht mißverstanden werden zu können?
a) Obwohl er zwei Liter Wein getrunken hatte, erklärte der Gerichtsmediziner, der Angeklagte Hofer sei nicht volltrunken gewesen.
b) Kupferlappen eignen sich vorzüglich zum Reinigen von Töpfen – vor allem, wenn sie stark verschmutzt sind.

c) Milch setzt sich an Flaschen nie an, wenn man sie zuerst mit kaltem und dann mit heißem Wasser spült.
d) Obwohl der Richter für die Verhandlung den größten Saal des Gerichtsgebäudes reserviert hatte, zeigte es sich, daß selbst er die vielen Zuhörer nicht zu fassen vermochte.

Hinweisende Fürwörter

6 Jeder der hier folgenden Sätze enthält ein in sinnstörender Weise gebrauchtes hinweisendes Fürwort. Wie hätten diese Sätze richtig zu lauten?
a) Wird (im Speisewagen) die Suppe nicht im Teller, sondern in einer Tasse serviert, dann wird diese gleichfalls mit dem Löffel gegessen.
b) Der Räuber zog dem alten Mann die Geldbörse aus der Hose und entnahm dieser 1500 Schilling.
c) Wenn Sie die Enthaarungscreme HAAREX auf die behaarte Körperstelle auftragen, können Sie diese schon nach wenigen Minuten samt den lästigen Haaren entfernen.

Bezügliche Fürwörter

7 Die hier angeführten Beispiele zeigen, wie der Sinn eines Satzes durch unvorsichtigen Gebrauch bezüglicher Fürwörter zerstört werden kann. Wie hätte die von den Schreibern nicht gewünschte erheiternde Wirkung dieser Sätze vermieden werden können?
a) In Äthiopien sind 80 Prozent aller Bauern Leibeigene der Großgrundherren, die bis auf einen schäbigen Rest ihre Ernte abliefern müssen, ohne etwas dafür zu bekommen.
b) Einen Wolf erschoß ein Landwirt aus Kirchsteig, der einem Wildtierbesitzer aus Dörfl entkommen war.
c) Mit einem kräftigen Faustschlag schickte Montag der 52jährige Hermann T. einen Möchtegern-Räuber in den Schnee, der ihn überfallen hatte.

Das Fürwort WAS und die Vorwörter

8 Stellen Sie bitte richtig:

a) Auf was wartest du?
b) Mit was fütterst du ein Meerschweinchen?
c) Von was hast du diesen blauen Fleck?
d) Über was denkst du denn nach?
e) Zu was gehört dieses Ding da?

Das Zeitwort

Haupt- und Hilfszeitwörter

Haupt- oder Hilfszeitwort?
Das ist hier die Frage.

werden

9 In welchen der folgenden Sätze ist WERDEN Hilfszeitwort, und in welchen tritt es als Hauptzeitwort (Vollverb) auf?

a) Wir werden morgen nach Salzburg fahren.
b) Bei Unfällen werden täglich viele Menschen verletzt.
c) Karins Bruder wird Tischler.
d) Kurt wurde in den Ferien krank.

10 In welchen dieser Sätze drückt WERDEN als Hilfszeitwort die Zukunft aus, und in welchen steht es zum Ausdruck der Leideform?

haben

11 In welchen der hier folgenden Sätze ist HABEN Hilfszeitwort, und in welchen spielt es die Rolle eines Hauptzeitwortes?

a) Wir haben gestern lange gearbeitet.
b) Herr Huber hat einen Hund.
c) Peter hatte heute früh Fieber.
d) Er hat sich anscheinend erkältet.
e) Nachdem wir gegessen hatten, gingen wir spazieren.

12 In welchen **Zeiten** steht das **Haupt**zeitwort HABEN in diesen Sätzen?

13 Welche Zeitformen hilft in den übrigen Sätzen das **Hilfs**zeitwort HABEN bilden?

sein

14 In welchen der nun folgenden Sätze ist SEIN Hilfszeitwort, und wo tritt es als Hauptzeitwort auf?

a) Kurt ist Peters bester Freund.
b) Karin ist krank.
c) Kurt und Peter sind eislaufen gegangen.
d) Herr Müller ist Schneidermeister.
e) Wir waren glücklich.

15 Welche der Sätze a bis e stehen in der Gegenwart, welche im Perfekt (in der [zweiten] Vergangenheit), welche im Präteritum (in der Mitvergangenheit)?

Beugung (Konjugation) des Zeitwortes

16 An welchen „Grundformen“ kann man Zeitwörter der starken, der schwachen und der unregelmäßigen Beugung voneinander unterscheiden?

17 Welche von den folgenden Zeitwörtern gehören zu den starken, welche zu den schwachen:
gehen, laufen, glauben, schreiben, hoffen, malen, fangen, tragen, suchen, pflegen.

18 Zwei der nun folgenden Zeitwörter werden unregelmäßig gebeugt.
Welche sind das?
klagen, brennen, springen, denken, leben.

Zielende und nichtzielende Zeitwörter

19 Welche von den folgenden Zeitwörtern gehören zu den zielenden (bezüglichen, transitiven), welche zu den nichtzielenden (unbezüglichen, intransitiven):
fangen, verfolgen, scheinen, kaufen, schwimmen, tragen, nennen, fliegen.

20 Unter den nun folgenden Zeitwörtern sind drei, die sowohl zielend wie auch nichtzielend gebraucht werden können. Welche sind das?
Einschlafen, zerbrechen, bellen, springen, holen, malen, laufen, quaken, schreiben, verlangen.

Mitvergangenheit – (erste) Vergangenheit

21 **Zu jedem der Sätze a bis h paßt eines der Bilder 1 bis 8 (Seite 142).**

a) Die Sonne ging auf.
b) Die Sonne ist aufgegangen.
c) Frau Huber zündet eine Kerze an.
d) Sie hat eine Kerze angezündet.
e) Peter schrieb einen Brief.
f) Er hat einen Brief geschrieben.
g) Fritz pflückte eine Blume.
h) Er hat eine Blume gepflückt.

Welche Sätze (a bis h) und Bilder (1 bis 8) gehören zusammen?

„Nachdem“ und die Zeiten

22 Wie kann man aus jedem der hier folgenden Satzpaare unter Verwendung des Bindewortes NACHDEM ein Satzgefüge (Haupt- und Gliedsatz) machen:

a) **Herr Müller kam nach Hause. Dann las er die Zeitung.**

b) Die Kinder gingen in die Schule. Dann begann Frau Müller die Wohnung aufzuräumen.

c) Fritz schrieb seine Hausaufgaben. Dann fuhr er mit dem Rad zu seinem Freund Peter.

d) Der Stall wurde gereinigt. Nachher wurden die Schweine gefüttert.

23 Wie müssen die in den folgenden Sätzen eingeklammerten Zeitwörter lauten, um dem Sinn des Satzes zu entsprechen?

a) Nachdem Herr Bauer einen Brief (schreiben), schaltete er das Radio ein.
b) Nachdem die Schulglocke (läuten), beginnt der Unterricht.
c) Nachdem die Schulglocke (läuten), gingen die Schüler nach Hause.
d) Nachdem es dreimal (donnern), begann es zu regnen.
e) Nachdem Peter seine Hausaufgaben (schreiben), kann er jetzt im Hof mit seinen Freunden spielen.
f) Jetzt, nachdem sich die Sonne hinter den Wolken (verstecken), ist es ziemlich kühl.

24 In jedem der vier folgenden Sätze ist irgend etwas nicht in Ordnung. Wie hätten sie richtig zu lauten?

a) Nachdem es heute regnet, bleiben wir zu Hause.
b) Nachdem Kurt krank ist, kann er nicht in die Schule gehen.
c) Nachdem Herr Hofer nach Hause kam, klingelte das Telefon.
d) Nachdem er den Hörer aufhängte, klingelte es schon wieder.

Wortbedeutung

Nachsilben **-ig** oder **-lich?**

25 **Einsetzübung**

a) Ein Urlaub, der vier Wochen dauert, ist ein – Urlaub.
b) Eine Vorlesung, die zwei Stunden dauert, ist eine – Vorlesung.
c) Eine Zeitschrift, die jede Woche erscheint, ist eine – erscheinende Zeitschrift.
d) Eine Rundfunksendung, die alle vierzehn Tage stattfindet, ist eine – Sendung.
e) Erscheint eine Zeitschrift jedes Vierteljahr, dann spricht man von einer – erscheinenden Zeitschrift.
f) Eine Reise, die drei Monate dauert, ist eine – Reise.

Wörter und Wortformen, die oft verwechselt werden

Wie oder als?

26 **Einsetzübung**

a) Kurt ist so groß – Karl.
b) Karin ist kleiner – Kurt.
c) Peter spielt genauso gern Fußball – sein Bruder.
d) Kaffee schmeckt anders – Kakao.
e) Erich schreibt schöner – Ernst.

f) Kurt läuft nicht so schnell – Karl.
g) Ernst spielt sowohl Geige – auch Klavier.

Am oder **auf dem?**

27 Zu jedem der folgenden Bilder soll ein Satz unter richtiger Anwendung von AM oder AUF DEM gebildet werden:

Beide oder **die beiden?**

28 **Einsetzübung**

a) – Söhne des Herrn Müller sind sehr unterschiedlich begabt.
b) Eines aber haben sie gemeinsam: – sind begeisterte Sportler.
c) Frau Moser hat zwei Katzen. – sind schwarz und haben weiße Pfoten.
d) Käthe und Karin sind gute Freundinnen. Äußerlich haben – allerdings keinerlei Ähnlichkeit.

Derselbe oder **der gleiche** Hut?

29 In welchen der folgenden Sätze sind DER- (DIE-, DAS)SELBE und DER (DIE, DAS) GLEICHE miteinander verwechselt?

a) Herr Zopf trägt im Sommer denselben Hut wie im Winter.

b) Karin ging gestern mit der gleichen Freundin ins Kino wie vorige Woche.
c) Professor Kluge hielt seine erste Stunde als Lehrer in dem gleichen Klassenzimmer, in dem er einst die mündliche Reifeprüfung abgelegt hatte.
d) Herr Meller trägt dieselbe Krawatte wie Herr Müller.

Die ersten (letzten) zwei – die zwei ersten (letzten)

30 **Einsetzübung**

a) Bei dem Wettlauf waren Peter und Fritz die – –, die ans Ziel kamen.
b) Die Kinder gingen in einer Zweierreihe aus der Schule. Kurt und Karin kamen am Schluß. Sie waren die – –, die herauskamen.
c) Der erste und der zweite Jänner sind die – – Tage des Jahres.
d) Der erste Jänner und der erste Februar sind die – – Tage dieser beiden Monate.

Dreimal so lang – dreimal länger

31 Der Weg von A nach B ist 50 Kilometer lang. Der von B nach C ist viermal länger. Wie lang ist die Strecke B–C?

32 Der Koffer der Frau Klein wiegt vier Kilogramm, der des Herrn Groß ist sechzehn Kilogramm schwer. Wievielmal so schwer und wievielmal schwerer ist der Koffer des Herrn Groß, verglichen mit dem der Frau Klein?

33 Erschreckt – erschrickt – erschrocken

a) Ist es möglich, daß jemand beim Anblick dieses Bildes ERSCHRECKT, oder kann es sein, daß er (oder sie) ERSCHRICKT?
b) Ist er (oder sie) dann ERSCHRECKT oder ERSCHROCKEN?
c) ERSCHRAK oder ERSCHRECKTE er beziehungsweise sie?
d) Hat ihn (sie) das Bild ERSCHROCKEN oder ERSCHRECKT?

Gewohnt oder **gewöhnt?**

34 **Einsetzübung**

a) Herr Beier ist – , morgens schon sehr zeitig aufzustehen.
b) Er hat sich daran durch seinen Beruf – .
c) Was man zu tun – ist, tut man immer wieder.
d) So manches Unangenehme nimmt man hin, nachdem man sich daran – hat.

Herum oder **umher?**

Einsetzübung

35 a) Um das schwerbeschädigte Auto standen viele Menschen –.
b) Im Park liegt im Herbst viel abgefallenes Laub –.
c) Auf dem Teich schwammen zwei Enten –.
d) Frau Novak kramt nervös in ihrer Handtasche –.

36 **200 Schilling – 200 Schillinge**

a) Kostet dieser Hut 200 Schilling oder 200 Schillinge?
b) Welches dieser Kinder hat fünf Schillinge?
c) Welches hat fünf Schilling? (Achtung: Fangfrage!)
d) Herr Dietrich bezahlt eine aus dem Ausland erhaltene Ware mit österreichischem Geld. Bezahlt er sie in österreichischen Schilling oder in österreichischen Schilling**en?**
e) Hat ein 1000-Schilling-Schein einen Wert von tausend österreichischen Schilling oder von tausend österreichischen Schilling**en?**

Schwer oder **schwierig?**

37 **Einsetzübung**

a) Wir haben das ganze Jahr – gearbeitet.
b) Es gab so manches – Problem zu lösen.
c) Was daran so – war, ist mit wenigen Worten – zu erklären.
d) Die Ursache des Unfalls war – zu erkennen.
e) Ein – Mensch ist – zu behandeln.

Sich oder **einander?**

38 **Einsetzübung**

a) Herr X und Herr Y sind Nichtraucher. Wenn Herr Z in ihrer Gegenwart raucht, ärgern sie –.

b) Wenn Herr X Herrn Y Ärger verursacht und Herr Y Herrn X Ursache zu Ärger gibt, ärgern die beiden –.
c) Kurt verspottet Karl wegen seines „s“-Fehlers, Karl lacht über Kurt wegen dessen schlechten Zeugnisses. Die beiden verspotten –.
d) Wenn Kurt unglücklich ist, geht er ins Kino. Karl liest in solchen Fällen ein Buch. So finden beide immer einen Weg, – zu trösten.

Voraus oder **voran?**

39 **Einsetzübung**

a) Als die Familie Mayer einen Ausflug machte, ging der Vater schon etwas früher zum Bahnhof –, um die Fahrkarten zu lösen.
b) Während des Klassenausfluges ging immer, wenn es keine Wegmarkierung gab, der Lehrer –, um ein Abweichen der Schüler vom richtigen Weg zu verhindern.

Wasser(s)not

40 Besteht Ertrinkungsgefahr bei WASSERnot oder bei WASSERSnot?

Zu zweit (dritt) oder **zu zweien (dreien)?**

41 Marschieren die Kinder hier zu zweit und zu dritt oder zu zweien und zu dreien?

42 Karin, Kurt und Peter machten gemeinsam einen Ausflug. Gingen sie da zu dritt oder zu dreien?

Grammatische Zwitter

Haupt- und Fürwörter

43 Wie hätten die letzten vier Sätze dieses Kapitels (Seiten 86 und 87) richtig zu lauten?

(Hilfs)zeitwörter

haben

44 In zweien der folgenden Sätze kommt eine Form von HABEN in einer Doppelrolle (als Haupt- und als Hilfszeitwort zugleich) vor. Welches sind diese beiden Sätze, und wie könnte man die „Zwitter“ vermeiden?

a) Fritz hat sich gestern erkältet und heute Fieber.
b) Herr X hat ein altes Auto, Herr Y hingegen ein neues.
c) Karin hatte ein Meerschweinchen und damit den ganzen Nachmittag gespielt.
d) Frau X hatte Zahnschmerzen und deshalb die Absicht, zum Zahnarzt zu gehen.

werden

45 In welchen der nun folgenden Sätze muß eine Form von WERDEN eine Doppelrolle spielen, und wie hätten diese Sätze richtig zu lauten?
a) Herr Meier wurde Mitglied eines Vereines und später dessen Obmann.
b) Mozart wurde in Salzburg geboren und später ein großer Komponist.
c) Im Jahre 1914 wurde Erzherzog Franz Ferdinand ermordet und sein Neffe Karl sein Nachfolger.
d) Robert wird Germanistik und Anglistik studieren und sich dem Lehramt zuwenden.

sein

46 In welchen der folgenden Sätze spielt eine Form von SEIN eine Doppelrolle, und wie hätten sich diese Mängel vermeiden lassen?
a) Peter ist zwar erkältet, aber doch eislaufen gegangen.
b) Kurt und Karin sind nicht dumm, aber ein bißchen faul.
c) Frau Förster ist müde und schon zu Bett gegangen.
d) Herr Knapp ist Musiker und Maler.

B. Zur Satzlehre

Bezug auf das Subjekt

Nennform mit „um zu“

47 Wie kann man die folgenden Sätze richtigstellen, ohne die UM-ZU-Gruppen herauszunehmen?

a) Herr Neumann gibt seiner zehnjährigen Tochter Karin genügend Taschengeld, um sich kleine Wünsche erfüllen zu können.

b) Frau Altmann füttert ihren Hund täglich nur einmal, um nicht zu dick zu werden.

c) Um ein gutes Zeugnis zu bekommen, erteilt dem Schüler Fritz Hofer ein Hauslehrer Nachhilfeunterricht.

Mittelwortgruppen

48 Wie hätten die folgenden Sätze richtig zu lauten:

a) In einem Koloniakübel jämmerlich winselnd, fand Frau Moser eine junge Katze.

b) Gut gespitzt, kann man mit einem Bleistift haardünne Striche ziehen.

c) Obwohl frisch gestrichen, setzte sich Kurt im Park auf eine Bank.

Die Beifügung (das Attribut)

49 Wie lauten die in den folgenden Sätzen vorkommenden Beifügungen?

a) Karin hat blaue Augen.

b) Auf der Straße steht ein weinendes Mädchen.

c) Das Auto des Herrn Mendel ist schon sehr alt.

d) Das neue Klavier der Frau Ringel war sehr teuer.

e) Der Hund im Hof gehört dem Hausbesorger.

f) Wem gehört der Koffer dort?

Bezug von Beifügungen zu zusammengesetzten Hauptwörtern

50 Warum ist es unrichtig, den Erzeuger abwaschbarer Tapeten als ABWASCHBAREN TAPETENERZEUGER zu bezeichnen?

51 Wie sagt man richtig statt WASSERDICHTER UHRENERZEUGER, ZERLEGBARER GERÜSTMONTEUR, ZEHNKÖPFIGER FAMILIENVATER, BERITTENE WACHTMEISTERSWITWE und PROVISORISCHE LEHRERSGATTIN?

Umstandsbestimmungen

52 Jeder der folgenden vier Sätze enthält eine Umstandsbestimmung. Wie lauten diese, und welcher Art von Umstandsbestimmungen gehören sie an?

a) Die Familie Neumann hat in Tulln eine Zweitwohnung.
b) Gestern war es sehr kalt.
c) Barbara lernt fleißig.
d) Karin konnte wegen Krankheit an dem Schulausflug nicht teilnehmen.

Beifügung oder Umstandsbestimmung?

53 **Welche von den in den folgenden Sätzen fettgedruckten Wörtern und Wortgruppen sind Beifügungen, und welche sind Umstandsbestimmungen?**
a) Herr und Frau Beierl verbrachten ihren Urlaub **in Wien.**
b) Ein Urlaub **am Meer** hat besondere Reize.
c) **Hier** hängt der Hut des Herrn Müller.
d) Der Hut **hier** gehört mir.
e) Der Krimi **am Sonntag** war langweilig.
f) Im Fernsehen gab es **am Sonntag** einen spannenden Film.
g) Ich habe **aus Berlin** einen Brief erhalten.
h) Der Brief **aus Berlin** hat mich schwer enttäuscht.
i) Walter S. wurde **wegen Einbruchs** festgenommen.
j) Seine Festnahme **wegen Einbruchs** beruhte auf einem Irrtum.

Ergänzungen

54 In den hier folgenden sechs Sätzen kommen zwei Ergänzungen (Objekte) im zweiten, zwei im dritten und zwei im vierten Fall vor. Wie lauten sie?
a) Kurt hat einen Brief geschrieben.
b) Mein neuer Hut gefällt mir nicht.
c) Am Allerseelentag gedenken wir der Toten.
d) Frau Moser braucht dringend ein neues Kleid.
e) Herrn Zipfels Englisch bedarf einer gründlichen Auffrischung.
f) Das eingestürzte Haus gehörte einem Ausländer.

Der Platz im Satz

Subjekt – Prädikat – Objekt

55 Die folgenden Sätze weisen Verstöße gegen die für den „normalen" Bau eines Hauptsatzes wichtigste Regel (S – P – O) auf. Wie müßten die Sätze aufgrund dieser Regel lauten?
a) Vier Menschenleben forderten gestern abend in Niederösterreich schwere Verkehrsunfälle.
b) Eine japanische Nachtigall schickte eine kleine Koreanerin dem Papst ins Krankenzimmer.
c) Drei Jugendliche auf einem Moped beobachteten Polizisten in der Kaisermühlenstraße in Wien-Donaustadt.

d) Die jungen Menschen laden die Bischöfe ein, ihre Hochzeit im Gotteshaus ihrer Heimatgemeinde zu feiern.
e) (Zeitungsanzeige): Stubenmädchen sucht Pension „Alt-Wien“.

Modalverben

(Die HI-HA-MO-Regel)

56 Der Bau der folgenden Sätze entspricht nicht der HI-HA-MO-Regel. Wie wäre die richtige Wortfolge?
a) Fritz hat müssen zum Zahnarzt gehen.
b) Er hätte sollen schon früher hingehen.
c) Es ist möglich, daß er morgen wieder hingehen müssen wird.
d) Ich weiß nicht, warum er nicht hingehen wollen hat.
e) Fritz wird sich müssen den Zahn morgen ziehen lassen.
f) Die Tiere, die nach Padua gebracht hätten werden sollen, waren nur mit einer Plane zugedeckt gewesen.
g) Man vermutet, daß dem Mann nach dem Unfall noch geholfen hätte werden können.

Überfluß

57 Die nun folgenden Sätze stammen von „Zweimalsagern“. Wie lauten sie ohne den sinnstörenden Überfluß?
a) Der Schüler war vor Aufregung nicht imstande, sich konzentrieren zu können.
b) Er hat die Erlaubnis, heute schon um 12 Uhr von der Schule nach Hause gehen zu dürfen.
c) Derzeit ist Peters größter Wunsch, einmal fliegen zu wollen.
d) Herr Bauer soll angeblich verreist sein.
e) Morgen dürfte das Wetter vermutlich besser werden.
f) Die weiblichen Rundfunksprecherinnen erfreuen sich größerer Beliebtheit als ihre Kollegen.

Vermischte Sätze und Wendungen

58 Die hier folgenden Sätze sind das Werk tüchtiger Sprachmischer. Können Sie in jedem dieser Fälle feststellen, welche zwei Gedanken der Schreiber zugleich ausdrücken wollte?
a) Wir fuhren nach Schladming nicht nur um des Schifahrens wegen.
b) Die Qual der Wahl fiel uns schwer.
c) Wir übersiedeln ab heute in das Haus Hauptstraße 24.
d) Für die Diskussionsrunden, die zwischen Oktober bis März stattfinden werden, ist ein riesiger Fragenkatalog vorbereitet worden.
e) Die Ursache der Milchknappheit war auf den unvorhergesehenen Wettersturz zurückzuführen.
f) In diesem Mann paaren sich Dilettantismus mit höchster Genialität.

C. Zur Zeichensetzung

Der Beistrich gibt dem Satz den Sinn

59 Herr X sagt: „Richard, mein Schwager, und mein Bruder sind derzeit in Urlaub.“ Von wieviel Personen spricht Herr X in diesem Fall, und wer sind diese Personen?

60 Herr Y sagt: „Paul, mein Schwager und mein Bruder Ernst haben mich gestern besucht.“ Von wieviel Besuchern ist hier die Rede?

61 Frau X sagt: „Meine Söhne, Thomas und Ludwig, sind schon verheiratet.“ Wieviel Söhne hat Frau X?

62 Frau Y sagt: „Meine Söhne Heinz und Herbert gehen noch ins Gymnasium.“ Was erfährt man daraus über die Zahl der Söhne dieser Frau?

63 Wir sehen hier Frau Moser und Frau Brückner. Der Satz dazwischen paßt nur zu einer dieser Frauen. Zu welcher?

Sie hätte gern noch eine dritte, schwarze Katze.

64 Was müßte man an obigem Satz ändern, damit er für die andere Frau Gültigkeit hätte?

ein großer Schmetterling — ein anderer großer Schmetterling — ein dritter kleiner Schmetterling — ein ähnlicher kleiner Schmetterling

65 Wo ist hier ein Beistrich erforderlich?

LÖSUNGEN

1 Am 1. Fall Einzahl, 2. Fall Einzahl und 1. Fall Mehrzahl.

2 Stark: Mann, Kind, Kuh, Hund. Schwach: Frau, Knabe, Mensch, Ochs. Gemischt: Ohr, Staat, Auge, Ende.

3 Nach dem letzten Bestandteil (dem Grundwort).

4 a) ohne (4. Fall); b) statt (2. Fall); c) unter (3. und 4. Fall); d) bei (nur 3. Fall).

5 a) Obwohl der Angeklagte Hofer zwei Liter Wein getrunken hatte, erklärte der Gerichtsmediziner, Hofer sei nicht volltrunken gewesen.
b) ... – vor allem, wenn DIESE stark verschmutzt sind.
c) ..., wenn man DIESE ... spült.
d) ..., daß selbst DIESER RAUM ... nicht zu fassen vermochte.

6 a) ..., dann wird SIE (Bezug auf das Subjekt SUPPE) gleichfalls mit dem Löffel gegessen.
b) ... und entnahm IHR (Bezug auf das Objekt im 4. Fall, weil Bezug auf das Subjekt [DIE RÄUBER] nicht möglich ist).
c) ..., können Sie schon nach wenigen Minuten DIE CREME samt den ... lästigen Haaren entfernen.

7 a) ... sind ... Leibeigene der Großgrundherren UND MÜSSEN ihre Ernte bis auf einen schäbigen Rest abliefern, ohne dafür etwas zu bekommen.
b) Ein Landwirt aus Kirchsteig erschoß einen Wolf, der ... entkommen war.
c) ... schickte Montag der 52jährige Hermann T. einen Möchtegern-Räuber, der ihn überfallen hatte, in den Schnee.

8 a) WORAUF ...? b) WOMIT ...? c) WOVON ...? d) WORÜBER ...? e) WOZU ...?

9 Hilfszeitwort in a und b, Hauptzeitwort in c und d.

10 Zukunft in a, Leideform in b.

11 Hilfszeitwort in a, d und e, Hauptzeitwort in b und c.

12 In b Gegenwart, in c Mitvergangenheit (Präteritum).

13 In a und d Perfekt (zweite Vergangenheit), in e Vorvergangenheit.

14 Hilfszeitwort in c, sonst überall Hauptzeitwort.

15 Gegenwart: a, b, d. Perfekt: c. Mitvergangenheit: e.

16 An der 1. Person Einzahl der Gegenwart wie auch der Mitvergangenheit und am Mittelwort der Vergangenheit (dem zweiten Mittelwort). Statt der 1. Person Gegenwart kann auch die Nennform herangezogen werden. Beispiel: Gehe(n) – ging – gegangen.

17 Stark: gehen, laufen, schreiben, fangen, tragen. Schwach: glauben, hoffen, malen, suchen, pflegen.

18 Brennen und denken.

19 Zielend sind: fangen, verfolgen, kaufen, tragen, nennen. Nichtzielend: scheinen, schwimmen, fliegen.

20 Zerbrechen, malen, schreiben.

21 Zusammen gehören:

Satz	Bild	Satz	Bild	Satz	Bild	Satz	Bild
a	1	c	3	e	6	g	8
b	5	d	7	f	2	h	4

22 a) Nachdem Herr Müller nach Hause gekommen war, las er die Zeitung.
b) Nachdem die Kinder in die Schule gegangen waren, begann Frau Müller . . .
c) Nachdem Fritz . . . geschrieben hatte, fuhr er . . .
d) Nachdem der Stall gereinigt worden war, wurden . . . gefüttert.

23 a) geschrieben hatte
b) geläutet hat
c) geläutet hatte
d) gedonnert hatte
e) geschrieben hat
f) versteckt hat

24 a) DA es heute regnet, . . .
b) DA er krank ist, . . .
c) Nachdem Herr Hofer nach Hause GEKOMMEN WAR, läutete . . .
d) Nachdem er den Hörer AUFGEHÄNGT HATTE, klingelte . . .

25 a) vierwöchIGer Urlaub
b) zweistündIGe Vorlesung
c) wöchentLICH erscheinende Zeitschrift
d) vierzehntägLICHE Sendung
e) vierteljährLICH erscheinenden Zeitschrift
f) dreimonatIGe Reise

26 a) wie b) als c) wie d) als e) als f) wie g) wie (oder als)

27 1. . . . auf dem Tisch.
2. . . . auf dem Berg.
3. . . . am Berg.
4. . . . auf dem Seil.
5. (Eiszapfen hängen) am Dach.
6. . . . am Baum.
7. . . . auf dem Pferd.
8. . . . am Kopf.

28 a) Die beiden . . . b) Beide . . . c) Beide . . . d) . . . die beiden . . .

29 In b, c und d.

30 a) die ersten (letzten) zwei b) die letzten zwei c) die ersten zwei d) die zwei ersten

31 250 Kilometer

32 viermal so schwer, dreimal schwerer

33 a) Er erschrickt. b) Er ist erschrocken. c) Er erschrak. d) Es hat ihn erschreckt.

34 a) gewohnt b) gewöhnt c) gewohnt d) gewöhnt

35 a) herum b) umher c) umher d) herum

36 a) 200 Schilling
b) Fritz
c) Fünf Schilling hat jedes der beiden Kinder.
d) in österreichischen SchillingEN.
e) Von tausend österreichischen SchillinG.

37 a) schwer b) schwierige c) schwierig – schwer d) schwer e) schwieriger – schwer

38 a) sich b) einander c) einander d) sich

39 a) voraus b) voran

40 Bei WasserSnot

41 Zu zweien und zu dreien.

42 Zu dritt.

43 a) . . . , die es seit ein paar Jahren gibt und die auch bei uns gespielt werden.
b) . . . , das . . .voll wirksam war, aber von niemandem . . . erkannt wurde.
c) Einer, der . . . Beckenbauer gleichkam, wenn er ihn nicht sogar übertraf.
d) Es gibt gar vieles, was man schenken könnte, wenn es einem einfiele. (Oder: Es gibt gar vieles, was man schenken könnte, aber es fällt einem nicht ein.)

44 Satz a: Fritz hat sich gestern erkältet, und heute hat er Fieber.
Satz c: Karin hatte den ganzen Nachmittag mit ihrem Meerschweinchen gespielt.

45 Satz b: Mozart, in Salzburg geboren, wurde (später) ein großer Komponist.
Satz c: Im Jahre 1914 fiel Erzherzog Franz Ferdinand einem Mordanschlag zum Opfer, und Nachfolger wurde sein Neffe Karl.

46 Satz a: Peter ist zwar erkältet, aber eislaufen ist er doch gegangen.
Satz c: Frau F ist müde und hat sich schon zur Ruhe begeben.

47 a) Karin bekommt von ihrem Vater genügend Taschengeld, um sich kleine Wünsche erfüllen zu können.
b) Der Hund der Frau A wird täglich nur einmal gefüttert, um nicht dick zu werden. (Ohne UM-ZU-Gruppe: Frau A füttert ihren Hund täglich nur einmal, damit er nicht dick wird.)
c) Um ein gutes Zeugnis zu bekommen, nimmt Fritz Hofer bei einem Hauslehrer Nachhilfeunterricht.

48 a) In einem Koloniakübel fand Frau M eine jämmerlich winselnde junge Katze. (Oder: Jämmerlich winselnd, wurde von Frau M in einem Koloniakübel eine junge Katze gefunden.)
b) Mit einem scharf gespitzten Bleistift kann man haardünne Striche ziehen. (Oder: Scharf gespitzt, kann ein Bleistift zum Ziehen haardünner Striche verwendet werden.)
c) Kurt setzte sich im Park auf eine Bank, obwohl sie frisch gestrichen war.

49 a) blaue b) weinendes c) des Herrn Mendel d) neue, der Frau Ringel
e) im Hof f) dort

50 Weil sich das Wort ABWASCHBAREN als Beifügung nicht auf die Tapeten, sondern nur auf den Fabrikanten bezieht.

51 Erzeuger wasserdichter Uhren, Monteur zerlegbarer Gerüste, Vater einer zehnköpfigen Familie, Witwe eines „berittenen Wachtmeisters“, Gattin eines provisorischen Lehrers.

52 a) IN TULLN, U. d. O. b) GESTERN, U. d. Z. c) FLEISSIG, U. d. A. u. W.
d) WEGEN KRANKHEIT, U. d. Gr.

53 Beifügungen in den Sätzen b, d, e, h, j.
Umstandsbestimmungen in a, c, f, g, i.

54 Zweiter Fall: der Toten, einer Auffrischung.
Dritter Fall: mir, einem Ausländer.
Vierter Fall: einen Brief, ein neues Kleid.

55 a) Schwere Verkehrsunfälle forderten gestern abend in Niederösterreich vier Menschenleben.
b) Eine kleine Koreanerin schickte dem Papst eine japanische Nachtigall ins Krankenzimmer.
c) Polizisten beobachteten auf der Kaisermühlenstraße in Wien-Donaustadt drei Jugendliche auf einem Moped.

d) Die Bischöfe laden die jungen Menschen ein, ... zu feiern.
e) Pension „Alt-Wien“ sucht Stubenmädchen.

56 a) F hat zum Zahnarzt gehen müssen.
b) Er hätte schon früher hingehen sollen.
c) Es ist möglich, daß er morgen wieder wird hingehen müssen.
d) Ich weiß nicht, warum er nicht hat hingehen wollen.
e) Er wird sich den Zahn morgen ziehen lassen müssen.
f) Die Tiere, die nach Padua hätten gebracht werden sollen, waren ... zugedeckt gewesen.
g) Man vermutet, daß dem Mann nach dem Unfall noch hätte geholfen werden können.

57 a) der Schüler ... war nicht imstande, sich zu konzentrieren.
b) ... Erlaubnis, heute schon um 12 Uhr ... nach Hause zu gehen.
c) ... Wunsch, einmal zu fliegen.
d) Herr B soll verreist sein. (Oder: ... ist angeblich verreist.)
e) Morgen dürfte das Wetter besser werden. (Oder: ... wird das Wetter vermutlich besser werden.)
f) Die Rundfunksprecherinnen erfreuen sich ...

58 a) Nicht nur DES SCHIFAHRENS WEGEN – nicht nur UM DES SCHIFAHRENS WILLEN.
b) Wir hatten die QUAL DER WAHL. – Die WAHL FIEL UNS SCHWER.
c) Wir ÜBERSIEDELN HEUTE ... – Wir BEFINDEN uns AB HEUTE ...
d) ZWISCHEN Oktober UND März – VON Oktober BIS März.
e) Die URSACHE ... war der ... WETTERSTURZ. – Die MILCHKNAPPHEIT war AUF DEN ... WETTERSTURZ ZURÜCKZUFÜHREN.
f) ... PAAREN SICH Dilettantismus UND höchste Genialität. – PAART sich Dilettantismus MIT höchster Genialität.

59 Herr X spricht von zwei Personen: von seinem Schwager namens Richard und seinem Bruder.

60 Herr Y spricht von drei Besuchern: von Paul, von seinem Schwager und seinem Bruder Ernst.

61 Frau X hat zwei Söhne: Thomas und Ludwig.

62 Frau Y hat außer Heinz und Herbert mindestens noch einen (dritten) Sohn.

63 Der Satz kann sich nur auf Frau Moser beziehen.

64 Der Beistrich müßte wegbleiben.

65 Nur nach „dritter“.

Verzeichnis der Fachausdrücke

Adjektiv = Eigenschaftswort
Adverb = Umstandswort
adverbiale Bestimmung = Umstandsbestimmung
Aktiv = Tatform, Tätigkeitsform
Apposition = Beisatz
Artikel = Geschlechtswort
Attribut = Beifügung

Beifügung = Attribut
Beisatz = Apposition
Beistrich = Komma
Beugung des Hauptwortes = Deklination des Substantivs
Beugung des Zeitwortes = Konjugation
bezügliches Fürwort = Relativpronomen
bezügliches Zeitwort = zielendes, transitives Verb
Bindewort = Konjunktion

Deklination des Substantivs = Beugung des Hauptwortes
Demonstrativpronomen = hinweisendes Fürwort
dritte Vergangenheit = Vorvergangenheit, Plusquamperfekt

Eigenschaftswort = Adjektiv
erste Vergangenheit = Mitvergangenheit, Präteritum, Imperfekt

Fürwort = Pronomen

Geschlechtswort = Artikel
Gliedsatz = Nebensatz

Hauptwort = Substantiv
Hauptzeitwort = Vollverb
Hilfszeitwort = Hilfsverb
Hilfszeitwort der Aussage = Modalverb
hinweisendes Fürwort = Demonstrativpronomen

Imperfekt = Mitvergangenheit, erste Vergangenheit, Präteritum
intransitives Verb = unbezügliches, nichtzielendes Zeitwort

Komma = Beistrich
Konjugation = Beugung (Abwandlung) des Zeitwortes
Konjunktion = Bindewort
Konjunktiv = Möglichkeitsform

Leideform = Passiv

Mittelwort = Partizip
Mittelwort der Gegenwart = erstes Partizip, Partizip Präsens
Mittelwort der Vergangenheit = zweites Partizip, Partizip Perfekt
Mittelwortgruppe = Partizipialgruppe, satzwertiges Partizip
Mitvergangenheit = erste Vergangenheit, Präteritum, Imperfekt

Modalverb = Hilfszeitwort der Aussage
Möglichkeitsform = Konjunktiv

Nebensatz = Gliedsatz
nichtzielendes Zeitwort = unbezügliches Zeitwort, intransitives Verb

Partizip = Mittelwort
Partizip Perfekt = Mittelwort der Vergangenheit, zweites Partizip
Partizip Präsens = Mittelwort der Gegenwart, erstes Partizip
Partizipialgruppe = Mittelwortgruppe, satzwertiges Partizip
Passiv = Leideform
Perfekt = (zweite) Vergangenheit, Vorgegenwart
Personalpronomen = persönliches Fürwort
Plusquamperfekt = Vorvergangenheit, dritte Vergangenheit
Präfix = Vorsilbe
Präposition = Vorwort
Präpositionalobjekt = Vorwortergänzung

Präteritum = Mitvergangenheit, erste Vergangenheit, Imperfekt
Pronomen = Fürwort

Relativpronomen = bezügliches Fürwort

Substantiv = Hauptwort

Tatform = Tätigkeitsform, Aktiv
Tätigkeitswort = Zeitwort, Verb
transitives Verb = bezügliches, zielendes Zeitwort

Umstandsbestimmung = adverbiale Bestimmung
Umstandswort = Adverb
unbezügliches Zeitwort = nichtzielendes, intransitives Verb

Verb = Tätigkeitswort, Zeitwort
Vergangenheit = Vorgegenwart, zweite Vergangenheit, Perfekt
Verhältniswort = Vorwort, Präposition
Vollverb = Hauptzeitwort
Vorgegenwart = (zweite) Vergangenheit, Perfekt
Vorsilbe = Präfix
Vorvergangenheit = dritte Vergangenheit, Plusquamperfekt
Vorwort = Verhältniswort, Präposition
Vorwortergänzung = Präpositionalobjekt

Zeitwort = Tätigkeitswort, Verb
zielendes Zeitwort = bezügliches, transitives Verb
zweite Vergangenheit = Vorgegenwart, Vergangenheit, Perfekt

Register